novum pro

DOROTHEA PAUL

SEHNSUCHT NACH Île de Ré

novum pro

Bibliografische Information
der Deutschen Nationalbibliothek:

Die Deutsche Nationalbibliothek verzeichnet diese Publikation in der Deutschen Nationalbibliografie. Detaillierte bibliografische Daten sind im Internet über http://www.d-nb.de abrufbar.

Gedruckt in der Europäischen Union auf umweltfreundlichem, chlor- und säurefrei gebleichtem Papier.

Rathausgasse 73, A-7311 Neckenmarkt
office@novumverlag.com

ISBN 978-3-7116-0408-8
Lektorat: Luisa Bott
Umschlagabbildungen: Lennart Jönsson;
Gulnara Mirgunova | Dreamstime.com
Umschlaggestaltung, Layout & Satz:
novum Verlag
Autorenfoto: Varinia Paul

www.novumverlag.com

Druckprodukt mit finanziellem
Klimabeitrag
ClimatePartner.com/16547-2311-1001

Inhaltsverzeichnis

Pour Loïc

Es ist Nacht!

Es ist Nacht,

und mein Herz kommt zu dir,

hält's nicht aus,

hält's nicht aus mehr bei mir.

Legt sich dir auf die Brust,

wie ein Stein,

sinkt hinein,

zu dem deinen hinein.

Dort erst,

dort erst kommt es zur Ruh,

liegt am Grund

seines ewigen Du.

(Christian Morgenstern)

Der Wind umfängt sie warm und schön.

Ganz still liegt sie und zieht den Duft der Frühlingsblumen ein.

Süß und schwer hängt er in der Luft, der einer Porzellanblume ganz nah, die der weißen Hyazinthen und Duftveilchen ein paar Meter weiter.

Ein Nachbar grillt und dieser Duft ist auch angenehm. Hungergefühl macht sich bemerkbar. Hanna schließt die Augen.

Es ist so friedvoll und wunderbar, einfach nur hier zu liegen. Ganz still.

Nichts stört und nichts tut weh, nicht einmal ein einziges Zipfelchen in ihrem gebrochenen Körper.

Sie schlummert ein und träumt von dem weißen Sandstrand, die Wellen schlagen weißschäumend dagegen. Sie läuft und läuft – sieh da, sie kann wieder laufen, wie befreiend, wie schön!

Sie sieht ihn, weiter dort hinten, er zieht ein Boot an Land.

Gleich ist sie bei ihm. Er dreht sich zu ihr hin. Er hat kein Gesicht.

Hanna schreckt auf, Herrgott im Himmel, hör auf, hör auf, Gespenster zu sehen.

Ein Hund bellt unaufhörlich, laut und entnervend, wie auf Kommando schreit auch das Nachbarkind los, gellend, jemand fängt an zu sägen, Ende des Friedens.

Hanna will ihre Ruhe, die Leute haben kein Feingefühl. Sie sind egoistisch.

Meine Kinder haben nie geschrien, denkt sie und weiß, das stimmt ja auch nicht.

Sie denkt an das Haus auf Île de Ré. Warum jetzt?

Irgendwann muss sie es besuchen. Vielleicht diesen Sommer, vielleicht den nächsten … vielleicht nie. Denn das hat sie ja in 40 Jahren nicht geschafft.

Verdammt noch mal, reiß dich zusammen, fahr doch einfach hin, wer hält dich auf? Hanna steht auf und setzt sich an den Computer.

Kapitel 1

Der erste Schlag traf Hanna völlig unerwartet. Der zweite riss sie auf den schlammigen Boden, wo sie nur noch versuchen konnte, sich vor den Tritten der schweren Stiefel zu schützen. Die Stiefel gehörten Logan, ihrem Freund. Er war der Präsi der Death Spiders. Die Nässe drang durch ihre Kleidung, sie fror. Versuchte, sich zu schützen, doch das ging so einfach nicht. Logan stand auf ihrer Hand. Hanna spürte das Knacken. Der Schmerz machte sie rasend. Sie bekam einen seiner Finger zu fassen und biss zu. Hanna schmeckte das Blut, jedoch diesmal nicht ihr eigenes. Es hatte schon nicht gut angefangen. Der Festplatz lag direkt hinter einem Eisenbahndamm. Laute Musik dröhnte aus den Lautsprechern. Ab und zu wurde sie von einem vorbeifahrenden Zug übertönt. Es nieselte ununterbrochen und die Nässe kroch in Zelt, Schlafsäcke und Kleidung. Die Motorräder standen in langen Reihen auf der aufgeweichten Wiese und wurden von den meist bärtigen und langhaarigen Besitzern begutachtet. Die Stimmung war mehr feucht als fröhlich und Logans Augen wurden immer glasiger. Der Vizepräsi Heinz stoppte das blutige Werk seines Kumpels und half Hanna wieder auf die Beine. Alles tat ihr weh. Blut tropfte aus ihrer Nase. Heinz hielt ihr ein Taschentuch hin. Das hier war nicht zum ersten Mal passiert. Logan verlor öfter die Beherrschung, wenn er trank. Doch diesmal war es Hanna zu viel. Sie zog den Verlobungsring vom Finger und pfefferte ihn in den Schlamm. Heinz reichte ihr sein Bier und sie trank in langen Zügen. Das tat gut. Die Leute, die sich während des Zwischenfalls gesammelt hatten, verteilten sich schnell wieder. War ja auch nichts dabei, wenn einer seiner Braut auf die Schnauze haute. Bräute brauchten das. Hanna bewegte sich mechanisch. Irgendetwas in ihr war zerbrochen. Sie sah zu, dass ihr niemand folgte, und entfernte sich vom Festplatz. Es war stockdunkel und die Musik wurde langsam leiser. Zweimal fiel sie der Länge nach hin, doch das machte ihr nichts mehr aus.

Wo sie hinwollte, war es egal, in welchem Zustand sie ankam. Die Böschung des Bahndammes war glitschig. Dann unendliche Ruhe. Der Zug würde bald kommen und ihr die ersehnte Ruhe geben. Und Logan würde sie nie wieder anfassen. Der Mann war riesig wie ein Bär. Im hohen Bogen pinkelte er gegen die Böschung, als er meinte, leises Weinen zu hören. Angestrengt lauschte er ins Dunkel. Das kam doch oben vom Bahndamm. Verflixt noch mal, dachte er, das Mädchen von vorhin, und der Zug muss jeden Augenblick kommen. Sie wehrte sich, doch er trug sie auf seinen Armen, als wäre sie nur eine Puppe. „Mensch, Mädchen", sagte er, „das ist doch kein Kerl wert! Du bist doch so eine Hübsche!" Er roch nach Bier und hatte einen langen Rauschebart. „Wo ist dein Zelt?" Er trug sie ein paar Meter, dann wollte Hanna selber laufen. Sie hielt ihn aber am Arm, bis sie zu ihrem Zelt kamen. Hanna kroch hinein und weinte sich in den Schlaf. Die ganze Nacht wachte er vor dem Eingang ihres Zeltes. Legte sich einfach davor, als wäre es selbstverständlich! Und das in diesem Scheißwetter! Niemand rührte sich. Auch Logan hielt Abstand. Am Morgen redete er mit Heinz und der bot ihr an, mit ihm nach Hause zu fahren. Die Stimmung war äußerst gespannt. Hannas Hand tat höllisch weh. Der Finger so seltsam verdreht. Es gab nichts zum Kühlen. Logan sah nicht mal in ihre Richtung. Wahrscheinlich hatte er keinen blassen Schimmer, was er getan hatte. Er wechselte ein paar Worte mit Road-Captain Mikey, setzte sich auf die Harley Sportster, die sie mitfinanziert hatte, und fuhr los. Den Namen ihres Retters erfuhr Hanna nie, doch sie wusste, er war ein angesehenes Mitglied eines anderen Clubs. Ihr Herz war ihm ewig dankbar. Er hatte recht, kein Kerl war das wert. Einer von ihnen beiden würde früher oder später dran glauben müssen. Sie ließ sich das nicht mehr gefallen. Nun war Ende der Vorstellung. Sie wusste, dass das Einzige, was ihr noch helfen konnte, war, Abstand zu gewinnen. Drei Jahre konnten eine lange Zeit sein. Und diese drei Jahre hatte sie sich nun mit Logan herumgeschlagen, oder besser: er auf ihr herumgeschlagen. Er war der coole Typ für sie gewesen, damals, sie 16 und er 26, einer, der anders war als die Bauern, die sie sonst so kannte. Er hatte eine Harley, lange Haare und überhaupt alles, was Spießer nicht mochten. Er scherte sich einen Dreck um die Leute und er roch nach Freiheit. „Born to be Wild". Und das war alles, was für sie zählte. Das Bikerleben war cool, Hanna liebte die Motorräder, das Motorradfahren, die Menschen, die Fahrten, die sie machten, die Gemeinschaft, alles gut, aber Logan hatte es übertrieben. Es reichte jetzt, die angebliche Freiheit war auf Rosinengröße zusammengeschrumpft. Sie wollte nur noch weg von diesem Arsch, der genauso dumm war wie die anderen, nur auf eine andere Art. Weg auch von der Kleinstadt, der Engstirnigkeit der Leute und der Einförmigkeit des Lebens. Die ganze große Welt wartete doch auf sie, sie hatte hier nichts mehr zu verlieren. Und dann der Druck, der zu Hause auf sie ausgeübt wurde. Hanna fühlte sich immer unverstanden, nichts, was sie machte, war gut, alle ihre Freunde waren generell schlechte Menschen und unakzeptabler Umgang. Gegen diese Stimmung anzukommen, war schwer. Ja, was erwartete man denn? Dass ein Ritter in Silberrüstung auf dem weißen Schimmel auf den Hof ritt und um ihre Hand anhielt? Natürlich wäre das schön gewesen, da hätte sie nicht Nein gesagt. Als kleines Mädchen hatte sie davon geträumt. War allein zur alten Keltenburg, die in der Nähe des Dorfes lag, aufgestiegen, hatte dort in der Sonne gesessen und die Magie des Ortes gespürt. Ein Flügelschlag der Vergangenheit hatte sie gestreift. Eines Tages würde sie ihren Prinzen finden. Logan war das aber nicht. Manchmal dachte sie das nur, weil sie anders war als Hinz und Kunz. Die Gesellschaft und wie man eigentlich sein sollte, hatte sie förmlich in die Arme dieser Typen getrieben. Denn die waren nun mal anders. Vieles war von ihr einfach eine Trotzreaktion gegen dieses ewige „Ducken, Anpassen und Machen wie alle anderen".

„Logan konnte auch ungemein romantisch sein, er kochte ihr Lieblingsessen, spielte Gitarre, ja, das konnte er, war sogar in einer Band, zumindest hin und wieder. Geld verdiente er damit natürlich nicht. Er hatte aber seine letzte Kohle zusammengerafft und ihr einen Spiegel mit Goldfassung gekauft, den sie einmal in einem Schaufenster gesehen und der ihr gefallen hatte. Und jedes Mal, wenn er ihr wehgetan hatte, tat es ihm unendlich leid, es würde auch nie wieder passieren, sie war ja die Liebe seines Lebens. So kam es auch zur Verlobung. Seine Oma hatte ein Geschenk für sie gehabt. Sie war sehr ernst gewesen. „Du behandelst dieses Mädchen ordentlich, hörst du!", hatte sie gesagt. Hanna war das unangenehm. Sie wusste, dass er das nicht tat und wahrscheinlich auch nie tun würde.

Logan und sie hatten sich in der lokalen Diskothek, dem Metropol, kennengelernt. Altersgrenze 18, aber das war für Hanna kein Problem, eher eine Herausforderung. Und Herausforderungen liebte sie. Der Türsteher hatte ein Auge auf sie geworfen und machte keine Probleme, auch wenn sie Sarah mitnahm, die ja noch ein Jahr jünger war. Sie tranken Versautes, ein Gemisch von Bier und Cola. Hanna trug eine enge Levi's, dazu ein schwarzes, geschnürtes Wildledertop. Die langen blonden Haare offen. Kaum geschminkt. Sie hatte auch einen guten Draht zu Jochen, dem DJ. Er spielte immer, was sie sich wünschte. An jenem Abend war die Disko voll. Die Leute standen in drei Reihen vor der Theke. Auf dem Tanzboden war nichts los, zu früh. Hanna neigte sich zu Jochen und flüsterte: „Einmal Lola, bitte!" Er nickte und zwinkerte ihr zu. „Aber gerne, Mylady!" Sie tanzte langsam mit geschlossenen Augen zu dem Song der Kinks, merkte gar nicht, dass sich ein Ring um sie bildete und sie allein tanzte. Jochen schmunzelte, ja, das Mädchen hatte es drauf. Er hatte viele gesehen in seinen Tagen als DJ, aber keine wie sie. Ein Naturtalent. Als der Song zu Ende ging, kam spontaner Applaus. Hoppla, Hanna erschrak. Sie eilte zur Theke. Ein Typ mit Rauschebart und Kutte legte den Arm um sie. Er roch nicht besonders gut. „Na, meine Hübsche, wie wäre es mit uns?" Hanna wand sich aus seinem Griff. „Lass mich los, verdammt noch mal." Er hielt sie noch fester, es fing an, richtig wehzutun. „Hey, Zicke, hab dich nicht so, du gehörst mir!" Er langte mit der freien Hand und grabschte ihre Brust an! Jetzt hatte Hanna genug! „Ich gehöre niemandem, merk dir das", fuhr es aus ihr heraus. In einer Drehwendung war sie von ihm weg, holte aus und schlug zu. Ihre ganze Irritation über diese

Beleidigung lag in diesem einen Schlag. Mit Erfolg. Der Rauschebärtige fiel wie ein Kegel auf der Kegelbahn. Es wurde mit einem Mal mucksmäuschenstill. Jochen hatte es auch gesehen und stellte die Musik aus. Hanna stand da, als ging es nicht um sie. Rudi, der Eigner vom Metropol, den man nicht oft zu Gesicht bekam, kam dazu. „Was ist los?“, fragte er. Da sagte einer: „Der Kerl hat es verdient, hat sie angegrabscht und so.“ Es war Logan. Rudi schmiss den Rauschebärtigen raus. Logan's Worte hatten Gewicht. Damit hatte Hanna ihren Spitznamen weg – Schläger-Elli! So hatte Hanna von Anfang an ein Zeichen gesetzt und sich Respekt verschafft. Und so fing die Story an. Die meisten Mitglieder der Death Spiders hatten ihren Knockout-Schlag gesehen. Wenn sie später gemeinsam an einem Lagefeuer saßen, lachten sie darüber. Niemandem fiel es auch nur ein, sie jemals in Frage zu stellen, außer Logan selbst. Insgeheim waren sie stolz auf sie. Hanna war geradeheraus, sie verstellte sich nicht und tat das, was sie für richtig hielt, wenn manchmal auch etwas übereilt. Auf den Bikertreffen wurden gerne Tittenshows arrangiert, was Hanna vollkommen widerwärtig und erniedrigend fand. Logan wollte sie immer auf der Bühne haben, aber die anderen Mitglieder schützten sie auch da. „Ich habe die Schönsten“, scherzte sie, „das muss ich nun wirklich nicht beweisen.“ Logan wollte ihr auch ein Tattoo aufzwingen, aber Hanna erinnerte sich an die Worte ihres Vaters. „Wenn du auf den Ball des Königs eingeladen wirst, willst du dann ein hässliches Tattoo haben oder die Prinzessin des Abends sein?“ Natürlich wollte Hanna immer eine Prinzessin sein, welches junge Mädchen wollte das nicht? Und sie wollte die große Liebe. Die, bei der sich alles richtig und vollkommen anfühlt. Bisher war damit aber so ziemlich alles schiefgelaufen!

Zu Hause erzählte sie immer nur die halbe Geschichte, wenn sie überhaupt etwas erzählte. Was niemand wusste, konnte niemanden aufregen. Es reichten ihr schon die Szenen, die auf sie warteten, wenn mal was rauskam. In dem kleinen Dorf in Bayern hatte man so gar kein Verständnis für irgendeine Art des Andersseins. Der Ort, wo sie geboren und aufgewachsen war, lag idyllisch an einem See in Südbayern. Dort hatte ihr Vater ein Segelboot und sie liebte die Ausflüge auf dem See. Ansonsten folgte man hier den vorgegebenen Normen und Traditionen. Etwas anderes wurde nicht akzeptiert. Als sie aus dieser Welt ausbrach, zerrissen sich die Leute die Mäuler. Dabei hatte doch jeder genug vor seiner eigenen Tür zu kehren.

Ihr kleiner Bruder Georg war dagegen ein Musterkind. Er spielte Geige und hatte nur Einsen in der Schule. Ihre Eltern liebten ihn abgöttisch. Er machte alles richtig, und wenn mal nicht, dann sah man darüber hinweg. Dagegen anzukommen, war schwer. Aber Hanna hatte Georg auch sehr gern. Er war ein lieber Kerl. Sie hielten als Geschwister gut zusammen.

Hanna und Logan fuhren auf Motorradtreffen mit anderen Clubs in ganz Deutschland. Hanna hatte viele Freunde unter den Rockern gehabt und sich mit ihnen stark gefühlt. Diese Freunde hatten sie auch immer vor Logan beschützt, wenn es nötig war, aber sie konnten ja nicht immer da sein. Und deshalb geschah es immer öfter, dass Hanna das Krankenhaus aufsuchen musste. Gebrochene Finger, Blutergüsse, Veilchen und die schmerzhaften Folgen von Stürzen aus fahrenden Autos. Der Arzt, der Hanna nach dem letzten Vorfall untersuchte, fragte nach den Umständen. „Ich bin gefallen und habe mich geklemmt." „Ja bestimmt", sagte der Arzt, „aber das glaube ich Ihnen nicht. Sie wissen schon, dass das eigentlich gemeldet werden sollte."

Der Finger war gebrochen. Der Mittelfinger, wie passend. Als die Death Spiders im Clubhaus ankamen, hatten sich die Mitglieder schnell zerstreut. So eine Party hatte ihren Tribut. Hannas Hand war dick angeschwollen, die Schmerzen unerträglich. Logan kam zu ihr rüber. „Na, was los hier? Hast du dich beruhigt?" Hanna traute ihren Ohren nicht, es tat ihm also nicht einmal leid. Dieser Arsch, verdammt, Hanna hätte ihm am liebsten ... aber das ging jetzt nicht. „Zeig mal her", meinte er und nahm ihre Hand in seine. „Sieht nach Krankenhaus aus. Komm, ich fahr dich." Scheiße, Hanna wusste, dass er recht hatte. Er setzte sich in IHR Auto und fuhr sie zur Akutaufnahme. Da angekommen knallte er genau vor dem Eingang in die Wand. Mit ihrem Auto, in die Wand. „Uiii“, sagte er, „jetzt musst du aussagen, dass du gefahren bist, ich bin nicht nüchtern.“ Hanna war fassungslos. Warum verzieh sie ihm immer wieder? Glaubte sie, er würde sich ändern? Hanna hatte den Verdacht, dass das mit Liebe so gar nichts zu tun hatte. Sie hatte Freiheit und natürlich auch Liebe und Geborgenheit gesucht. Bisher war das allerdings Fehlanzeige. Klar hatte Hanna auch schöne Erinnerungen an diese Zeit, vor allem die Motorradfahrten waren herrlich. Aber auch genauso schreckliche. Das Elend des Drogenmilieus, Freunde, die starben, die ewigen Prügelausraster von Logan, die unhaltbare Situation zu Hause und die Sehnsucht nach mehr, nach einem anderen Leben, machten sie endlich mutig. Ihr Horizont endete wohl nicht hier. Sie war doch erst 18, das ganze Leben lag noch vor ihr und sie hatte, weiß Gott, etwas anderes verdient, als sich von einem neurotischen Rocker unterdrücken zu lassen. Obwohl sie sein Verhalten nie akzeptiert hatte, nein, sie wehrte sich immer, so gut es ging. Bekam sie zwei blaue Augen, sollte er zumindest eins haben. Aber jetzt war das Maß endgültig voll. Sie hatte verstanden, dass man jemandem, der einen schlägt, nicht ein einziges Mal verzeihen darf. Einmal ist schon einmal zu viel. Verzeiht man einmal, verzeiht man zweimal und dreimal, danach ist es schon Routine. Nein, Logan würde sich nie ändern, aber sie würde es. Das Leben auf dem Dorf war nicht ihre Welt gewesen und das Rockerleben noch weniger. Hanna erwachte aus dem Alptraum, der, so jung wie sie war, ihr Leben schon geprägt hatte.

Sie hatte mitten in diesem Chaos ihre Gesellenprüfung als Köchin bestanden und damit stand ihr doch alles offen. Der Schularzt hatte ihr von der Kochlehre abgeraten. Sie hatte eine Skoliose, die der schwere Beruf nicht begünstigen würde. Aber sie hatte sich durgesetzt. Sie liebte das Kochen, die Kreativität und Abwechslung. Außerdem war es ein krisensicherer Beruf, Menschen würden immer und überall essen.

Also Urlaub nehmen und ab nach Mainz, ihre Freundin Ina besuchen. Ach, war das schön, aufstehen, wenn's einem passte, durch die Stadt schlendern, stöbern, einkaufen, ausruhen, ausgehen ... Mainz, wie es lacht und singt sozusagen. Hanna liebte die Stadt. Die vielen gemeinsamen Unternehmungen verschafften Abwechslung. Sie gingen zum Kabarett oder ins Theater. Zum Open-Air-Konzert oder saßen im Publikum einer Fernsehshow. Eine neue Welt, interessante Leute und neue Freunde. Ina war immer positiv und fröhlich, sie ließ es nicht zu, dass man sich hängen ließ. Oft streiften sie über den Markt, probierten hier ein wenig Käse und da ein paar Oliven, kauften ein ofenfrisches Baguette und ein Fläschchen Beaujolais. Dann konnten sie stundenlang sitzen und plaudern. Es war köstlich.

Ina kannte viele spannende Leute. Sie arbeitete in der Zeitungsente, der Kultkneipe von Mainz. Das war das Tolle an dieser Stadt, dass es nicht solche Klassenunterschiede wie auf dem Land gab. An der Theke konnte sich der Uni-Professor mit dem arbeitslosen Maurer und der Penner mit dem Zahnarzt unterhalten, ohne dass daran etwas komisch gewesen wäre. An einem lauen Abend kam Hanna mit Ismael ins Gespräch. Er arbeitete als Kellermeister in einem der feinen Hotels der Stadt. „Wir brauchen Verstärkung in der Küche, ich lege ein gutes Wort für dich ein.“ Hanna wusste, welche Hölle sie zu Hause würde durchwandern müssen. Aber ihr Entschluss stand fest und hatte sie sich erst mal etwas in den Kopf gesetzt, dann zog sie es auch durch. Außerdem würde sie so auch Logan entkommen, von dem sie so gar nicht überzeugt war, dass er sie so ohne weiteres gehen lassen würde. Zu Hause erwartete sie die Mutter mit altbekannten Vorwürfen, der Vater mit ernsten Ermahnungen. Er verstand sie aber auch und unterstützte ihr Vorhaben und ihren Mut auszubrechen. Etwas anderes zu wagen. Am nächsten Tag kündigte Hanna ihre Stelle als Köchin und bereitete ihren Umzug vor. Den wahren Grund dafür wusste niemand so genau, sie sagte auch nichts anderes, als dass sie Veränderung brauche. Auch Logan bekam nicht mehr aus ihr heraus. Sie holte ihre Sachen aus der Wohnung, die sie eigentlich zusammen hatten beziehen wollen, und versprach, ihm bald ihre neue Adresse mitzuteilen. Das tat sie aber nie. Logan konnte nicht fassen, dass sie wirklich ging. Aber sie ging. Ohne sich umzudrehen oder sich von irgendjemandem zu verabschieden. Einfach so.

Zwei Wochen, nachdem Hanna die neue Stelle angetreten hatte, fand sie auch ein kleines Apartment, direkt gegenüber vom Hotel. So lange wohnte sie bei Ina. Hanna war sofort voll eingespannt. Es war Knochenarbeit mit regelmäßigen Überstunden. Am Wochenende Dienst. Aber ihr Chef mochte sie, bildete sie weiter aus, übertrug ihr Verantwortung. Ließ sie an Weinproben teilhaben. „Fräulein Sommer, Sie kennen sich ja richtig gut aus." Hanna lachte. „Vielleicht bin ich ja ein Naturtalent." Auch hier fand sie schnell Anschluss. So kann es gerne weitergehen, dachte sie. So viele nette Menschen. Ina wohnte über der Zillestube, einer Kneipe in der Münsterstraße. Das war fast nebenan vom Unterhaus.

Das Mainzer Unterhaus war eines der bedeutendsten Theater für Kleinkunst in Deutschland. Seit seiner Gründung im Jahr 1966 hatten seine Tradition, Bühnenkunst und Geschichte weit über die Grenzen seiner Region gewirkt und viele Künstler hatten hier den Traum von einer besseren Welt geträumt. Hanna las den Text und war begeistert. Hier wurden Träume wahr, das liebte sie, denn die hatte sie auch! Ina war fleißiger Besucher und nahm Hanna mit. Ina kannte die Kulturelite von Mainz. Eine neue Welt tat sich auf. In den nächsten Wochen lernte sie Georg Danzer kennen, den österreichischen Sänger dessen Lieder sie so sehr mochte, einen berühmten Erfinder, einen Prinzen und viele andere interessante Leute. Einmal suchte man beim ZDF jemand Freiwilligen, den der russische Tänzer Rudolf Nurejew bei einer Tanzshow mit einem Chiffonschal umspielte. „Das kannst du machen", meinte Ina und schlug Hanna dem Produzenten vor. Der war begeistert. Hanna kaufte bei Karstadt eine weiße Hose und einen roten Angora Pulli. Die langen blonden Haare trug sie offen. Sie war kein bisschen nervös, aber es wurde ein aufregender Abend, vor allem weil danach alle, die zum Fernsehteam gehörten, zusammen essen gingen. Hanna und Ina auch. Wer hätte das gedacht, dass Nurejew so nett war und sie selig mit seinem Autogramm nach Hause gehen würde. Ein anderes Mal ging sie nach der Arbeit noch bei Ina vorbei. Da war voller Zirkus, laute Musik, Essen, der Sekt strömte. Hanna konnte es nicht fassen, da saßen doch tatsächlich Les Milords am Tisch. Es waren akrobatische Tänzer, die vor gestählten Muskeln nur so strotzten. Und es waren lustige Kerle! Hanna konnte sich nicht erinnern, wann sie das letzte Mal so viel gelacht hatte. Dass sie und Ina VIP-Tickets zur Vorstellung bekamen, freute sie sehr. Es imponierte ihr, welche unglaubliche Körperkontrolle und Eleganz die beiden besaßen. Das war schon etwas ganz Besonderes.

Eines Tages hatten sie im Hotel besonders viel zu tun. Vier Busse kamen gleichzeitig an und wollten versorgt werden. Ein Aushilfskoch, den Hanna noch nie vorher gesehen hatte, sprang ein. Er kam ihr vom ersten Augenblick an unheimlich vor. Er strahlte Feindseligkeit aus, obwohl Hanna sich beim besten Willen nicht erklären konnte warum. Irgendwann begriff sie, dass er ihr drohte, nicht offen, aber doch unmissverständlich. Er kam von Logan. Das wurde ihr klar, als sie ihn nach dem Dienst in Kutte und auf einer Harley davonfahren sah. Hanna wusste, dass sie sich von nun an in Acht nehmen musste. Die Arbeit hielt sie aufrecht und sie träumte davon, irgendwo im Ausland zu arbeiten. Am besten auf einem Kreuzfahrtschiff. Es regelte sich fast von allein, nur etwas anders, als sie gedacht hatte. Das Hotel, in dem sie arbeitete, war Mitglied in einem Partnerprogramm. Man konnte zwischen verschiedenen Ländern Stellen tauschen. Hanna meldete ihr Interesse an. Zwei Wochen später kam ihr Chef mit drei Angeboten. Bern, London und Halmstad in Schweden. Um Gottes Willen nicht London, Großstädte waren ihr ein Greul. Nach Jodeln in den Bergen war ihr auch nicht zumute. Aber Schweden, das hörte sich doch gut an. Das Astrid Lindgren und ABBA Traumland!!! Spontan sagte sie zu und ließ Mainz, wie es singt und lacht, hinter sich.

Kapitel 2

Mit dem letzten Tropfen der alten Liebe trank sie auf die neue. Gegen die sie sich mit Händen und Füßen gewehrt hatte und immer noch wehrte. Gegen die sie an ihre Vernunft appellierte. Ohne Erfolg. Diese Liebe, die sie so unvorbereitet gepackt hatte und durchschüttelte wie der Wind die Blätter im Herbst. Völlig kopflos.

Ich kann nicht ganz normal sein, dachte sie, warum gerate ich immer an Männer, mit denen ich nicht einfach so glücklich sein kann. Was würde daraus werden?

Abschied, Trauer, Sehnsucht, Briefe, Hoffnung, Scheitern an einer Grenze oder Liebe für immer?

Keine Tränen, sie hatte doch gelernt, ließ es nicht mehr so leicht zu, dass man ihr das Herz brach. War es wirklich so?

Hanna stand auf der äußersten Spitze Land, war über die windumtoste Mole geklettert, stand an dem Leuchtturm und winkte der Liebe nach, der sie nicht zugestand, dass sie wehtat. Hanna hob den Arm mechanisch, die Hand, die winkte, war es wirklich ihre? Eine halbe Stunde oder mehr hatte sie nun gewartet, steif war sie vor Kälte, da half auch der dicke Norwegerpullover nichts mehr. Sie sah zu, wie die Schlepper die beiden Schiffe aus dem Kanal zogen.

Langsam, ganz langsam bewegten sie sich. Noch konnte sie nicht erkennen, welches der beiden Schiffe die Maillé Brézé war, doch im tiefsten Innern wusste sie, dass er sie schon sah. Zentimeter für Zentimeter schob sich das Schiff aus dem Hafenbecken, Hanna war wie erstarrt, nicht nur wegen der Kälte.

Sie beobachtete das Schiff genau, ließ es keine Sekunde aus den Augen, es war die Maillé Brézé. Sein Schiff. Das zweite war die Primauguet. Sekunden lag es still, dann kam es. Schob sich langsam näher, näher … Sie konnte schon die Mützen der Matrosen sehen. Sie standen alle an Deck, in geraden Reihen, am Bug, am Heck und auf dem oberen Deck. Für wen, fragte sie sich, der Hafen lag lange hinter ihnen. Hanna sah sich um, nein, sie war allein.

Eine durchaus beeindruckende Szene, 277 Männer, davon 17 Offiziere und 100 Unteroffiziere, nur für sie. Hanna sah sie und fragte sich, wie viele von ihnen jetzt traurig waren, weil sie ein Mädchen im Hafen zurücklassen mussten.

Aber nur ein Mädchen stand hier draußen am Leuchtturm. Das Mädchen suchte in den Reihen der weißen Mützen. Da hob einer die seine und winkte wie verrückt. Hanna hasste Abschied, doch sie hob den Arm und winkte zurück. Sie sah nichts anderes mehr als seine Gestalt auf dem oberen Deck. Sie spürte die Kälte nicht mehr. Zwei Augenpaare brannten sich ineinander, suchten, sich zu fesseln. Nein, sowas gibt es nur in Filmen, dachte Hanna, solch dramatische Abschiede. Das Schiff wurde schneller. Bleib doch stehen, wollte sie schreien. Sie ließ den Arm sinken, verzweifelt, sinnlos, es sollte ihr doch nie wieder jemand wehtun. Doch dann sah sie, dass da noch jemand ganz traurig war, ein Band spannte sich über das Wasser und schon warf sie ihm eine Kusshand zu. Sie bekam sie augenblicklich zurück.

In diesem Moment fühlten sie beide die gleiche Hilflosigkeit dem Schicksal gegenüber, die gleiche Verzweiflung, den gleichen Zorn.

Sie wollten ja gar nicht Abschied nehmen, waren noch gar nicht bereit dazu. Hanna und ihr Adrien! Das Mädchen am Leuchtturm, der Soldat stach in See. Billiges Klischee. Aber für sie beide die bittere Realität.

Adrien sah ihre einsame Gestalt am Leuchtturm, seine Hanna. Sie war stark und tapfer.

Er konnte nichts machen, er weinte, konnte die Tränen nicht aufhalten, sie war diejenige welche, die, nach der er sich so lange gesehnt hatte, und ihr Name war Hanna. Alain sah ihn an und meinte: „Adrien, jetzt hat es dich aber so richtig erwischt."

Er entschwand ihren Blicken. Die Mannschaft wurde zu Punkten. Das Schiff wurde kleiner und kleiner, es war wohl besser, sie ging jetzt.

Wieder und wieder, den ganzen langen Weg zurück auf der Mole, wandte sich Hanna um. Einmal rutschte sie aus und schlug sich das Knie auf. Aber sie fühlte es nicht. Sicher konnte er sie noch durchs Fernglas sehen. Im Auto dann die Musik laut. Gefühle übertönen. Aber mussten sie jetzt ausgerechnet ein Liebeslied spielen? Was nun? Der Verkehr in der Stadt war grauenhaft, alles war grauenhaft. Nach Hause? Gott sei Dank hatte sie heute frei. Sie dachte, dass sie einen Black Bush gebrauchen konnte, einen, der den riesigen Kloß im Hals wegspülte.

Dann der Gedankenblitz, dass sie das Schiff vom Ende der Bucht aus in Grötvik vielleicht noch eine Weile sehen könnte. Sie fuhr hin. Gerade, als sie über den Hügel kam, sah sie die Silhouette der Maillé Brézé dem Horizont entgegeneilen, wendete den Blick nicht mehr ab. Krachte fast mit einem anderen Auto zusammen.

Versuchte, sich zu beherrschen, und stellte den Motor ab. Sah er noch zum Land hin? Sicher hatte er jetzt alle Hände voll zu tun. Genau 25 Minuten saß Hanna da und wartete, dass die Maillé Brézé ihrem Blick entschwand. Um 11:24 Uhr tat sie ihr den Gefallen. Hanna wusste nicht, dass es die letzte Reise der Maillé Brézé war.

Der Horizont war so leer wie sie selbst. Hanna saß eine Weile nur still. Zitterte. Herr im Himmel, dachte sie, wo kommt dieser Mann auf einmal her? Dieser absolut wunderbare Mann! Sie versuchte, sich zu fassen, fuhr nach Hause und legte sich ins

Bett. Großer Fehler! Es roch nach ihm. Aber sie weinte nicht. Weinte auch später nicht. Niemand sollte ihr mehr wehtun.

Hanna war vorsichtig geworden. Der Abend, an dem sie Adrien kennengelernt hatte, war einer der wenigen, an denen sie ausging. Enge Jeans, Seidenbluse, Herrenjackett, alles in schwarz. Die langen blonden Haare trug sie offen. Sie hatte sich mit Sussie verabredet, ein Abend, von dem sie nicht viel erwartete, außer ein paar Bier zu trinken und gescheite Musik zu hören. Sie fuhr mit dem Bus zu Sussie, die noch mitten im Umzug steckte. Sie half ihr, noch ein paar Sachen in den vierten Stock zu tragen. Bei Pia und Nils tranken sie den ersten Wein. Dann zogen sie los. Die Diskothek Norre Kavaljeren hatte heute eindeutig Männerüberschuss. Alles voll mit hübschen oder auch weniger hübschen dunkelhaarigen Jungs. Ach herrjeh, es lagen zwei große französische Kriegsschiffe im Hafen. Sie hatte es in der Zeitung gelesen. Die Schiffe sollten eigentlich Göteborg anlaufen, da hatten jedoch Umweltaktivisten behauptet, sie hätten Atomwaffen an Bord, und somit den Besuch gestoppt. Die Halmstädter ließen sich nicht so leicht erschrecken und hießen die Franzosen willkommen.

Na, das konnte ja heiter werden. Als Hanna sich und Sussie das erste Bier holte, wurde sie schon von zwei Seiten angequasselt. Aber Hanna hatte ihre letzte Franzosenerfahrung Thierry noch allzu deutlich in Erinnerung und reagierte nicht. Thierry hatte ihr auf dem Schüleraustausch in der Bretagne schöne Augen gemacht. Er war lustig, sah umwerfend aus und war ein ausgezeichneter Koch. Er hatte ihr alles über das Hummerkochen und über Austern beigebracht. Abends hatte er ihr langes blondes Haar gebürstet, sehr sinnlich, und machte Komplimente.

Als Hanna nach dem Austernessen krank geworden, sehr unangenehm und im Krankenhaus gelandet war, hatte er sie kurzerhand und, ohne mit der Wimper zu zucken, ausgetauscht. Nein, danke! Franzosen, alles Schönschwätzer, und die, die zur See fuhren, waren noch einen Zahn schärfer. Die beiden

Mädels wagten kaum, den Kopf zu wenden, weil sie völlig eingekreist waren. Nicht, dass da noch einer dachte, sie wären auf ein Abenteuer aus. Das fehlte gerade noch. Doch da man sie nicht übersehen konnte, wurden sie natürlich auch Gesprächsthema Nummer Eins. Sussie fand die Matrosenmützen so süß, dass sie unbedingt eine haben wollte, und wenn das nicht ging, dann wenigstens einen der roten Bommel.

Herausforderung des Abends. Hanna sah sich um, die meisten trugen Zivil, doch Moment mal, da hinten an der Theke stand einer in fescher Uniform. Und der starrte auch noch zu ihr rüber. Sussie hatte ihn auch gesehen und meinte, er sei zwar nicht der Allerhübscheste von allen, aber Hanna fand ihn wahnsinnig attraktiv und das lag nicht nur an der Uniform. Er sah urtypisch französisch aus, schwarze Haare und Schnurrbart, markante Gesichtszüge und eine stattliche Figur. „Komm schon, Hannchen", quengelte Sussie. „Mach doch mal einen Versuch, du kannst doch etwas Französisch." Hanna zierte sich und konnte sich plötzlich an kein einziges Wort erinnern. Als sie sich umdrehte, sah er immer noch zu ihr hin und der Blitz schlug ein. Ehe sie sich versah, stand er schon samt Bier, Mütze und Kamerad neben ihr. Scheiß verzweifelte Seeleute.

Und sie hatten doch alle den Film „Ein Offizier und Gentleman" gesehen, wie blöd konnte man denn sein. Was solls, jetzt würde sie Sussie die Mütze beschaffen. Er stellte sich mit einer Verbeugung vor, sein Name war Adrien Vien. Er sprach etwas Englisch und sogar ein paar Brocken Deutsch, sehr gut. Da sagte sie dem jungen Mann doch gleich einmal, wie toll sie das fand, dass er in Uniform ausging und zu seinem Land stand und zwar im Jahr 1987. Als er Hanna dann noch erzählte, dass er heute mit dem Fahrrad 40 km ins Landesinnere geradelt war, um etwas von Schweden zu sehen, war sie doch beeindruckt. Erstaunt stellten beide fest, dass ihr Gespräch über das übliche Blabla hinausging. Er erzählte, dass die Offiziere und ein Teil der Matrosen am Nachmittag von dem Marineverein von Halmstad eingeladen waren, das fand er ganz toll, ein totaler

Gegensatz zu der Aktion in Göteborg. Überhaupt waren alle sehr freundlich hier.

Adrien sah ihr tief in die Augen, obwohl Hanna lieber wegsah. Seine Augen hatten die Farbe von weißblaugrau schäumender Gischt, sich verändernd in leuchtenden Nuancen. Augen, in denen man leicht ertrinken konnte. Sie spürte, dass da etwas auf sie zukam, dem sie nicht gewachsen war. Schnell auf Toilette gehen. Sich im Spiegel ansehen und sich den Vogel zeigen. Doch das Flackern in ihren Augen war schon da und ließ sich auch nicht wegdenken. Als sie an den Tisch zurückkam, strahlte er sie so seltsam glücklich wissend an.

Gerade so, als wüsste er etwas, das sie nicht wusste. Dann nahm er Hanna einfach bei der Hand und entführte sie auf den Tanzboden. Ein langsames Lied. Hanna legte ihre Arme um seinen Nacken, er roch so gut. Ganz fest hielten sie sich. Doch immer noch dachte sie daran, hart zu bleiben. Keine One-Night-Stands mehr bitte, ja? Davon hatte sie die Nase voll. Plötzlich riss Adrien sie mit einem Wirbel aus den Träumen. Rock'n'Roll. Hilfe! Doch er führte sie, hielt sie und wirbelte mit ihr durch den Saal, dass ihr fast das Herz stehenblieb. Adrien hatte das voll im Griff, noch nie hatte jemand so mit ihr getanzt. Als das Lied zu Ende ging, hielt er sie ganz fest. Sekunden standen sie engumschlungen. Sie spürte seinen warmen Körper. Lass mich nicht los, dachte sie. Nie, nie wieder! Weiß Gott, damit habe ich mich mal wieder selbst übertroffen. Wegen dem Tanzen hatte sie nämlich einen Komplex. Wie hätte sie auf Bikertreffen auch Tanzen lernen sollen. Adrien lud sie zum zweiten Bier ein und Hanna versuchte, ihm zu erklären, dass sie eventuell nach Fisch riechen könnte, weil sie als Fischköchin arbeitete, aber darüber lachte er laut. Damit hatte er nämlich kein Problem. Mit Fischgeruch war er aufgewachsen. In einem kleinen Fischereihafen in Frankreich. Er wollte ihr gerade mehr davon erzählen, als ein Kamerad dazukam und ihn aufgeregt in ein Gespräch verwickelte. Erst verstand Hanna nicht, worum es ging, doch dann wurde ihr klar, dass er zu einer bestimmten

Uhrzeit wieder auf dem Schiff sein musste. Darum ging es. Sie fragte ihn wann. Er sah ganz niedergeschlagen aus. Der Kamerad zuckte mit den Schultern. „Wann?“, fragte sie wieder. „Um 1:00 Uhr“, gestand er. Es war fünf vor eins. „Verrückter Kerl, du willst wohl in den Arrest! Auf dem Weg zur Garderobe gab sie Sussie Bescheid. Schnell zog sie ihn mit sich in Richtung Hafen. In fünf Minuten war das natürlich nicht zu schaffen, aber vielleicht ging es ja noch mal gut. Hanna zog die Schuhe mit den hohen Absätzen aus. Dass es kalt war und nieselte, war ihr völlig egal. Sie wollte ihn retten, warum auch immer. Sie rannten, so schnell sie konnten. Sie wusste den kürzesten Weg. Erst runter zum Fluss Nissan, die Hafenstraße entlang, an ihrem Arbeitsplatz, dem Hotel Scandic, vorbei, über die Brücke, bei Rot die Straße überqueren und am Kai entlang, bald waren sie da. Kurz vor den Schiffen zog Adrien fest Hanna an sich, sie waren ganz außer Atem.

Sie spürte die Wärme seines Körpers, die starken Arme, die sie hielten, der Kuss, der alle guten Vorsätze ins Nichts zerrinnen ließ und Hannas Versprechen, morgen Vormittag um halb elf am Schiff zu sein, zur Folge hatte. Da hatte er Ausgang. Es war genau dieser Kuss, den sie sich immer gewünscht hatte. Ein Kuss, der sich richtig anfühlte. Sie war sich sicher. Ihr Herz jubelte. Er war es, er war es, er war es! Ihr Ritter! Er war zwar nicht auf einem weißen Schimmel gekommen, sondern einem Kriegsschiff aus Stahl, aber das war ja nun mal völlig egal! Hauptsache, er war da!

Und Hanna hatte nicht das Herz, hier Schluss zu machen. Sie hatte eigentlich bei Sussie übernachten wollen, sah aber ein, dass sie ihr Auto morgen brauchte. Gerade so noch erwischte sie den letzten Bus nach Bäckagård, der sie nach Hause brachte. Innerhalb von fünf Minuten schlief sie ein und träumte, na was wohl, von Adrien. Der Wecker riss Hanna ungnädig aus dem Schlaf. Gott sei Dank war sie noch so geistesgegenwärtig gewesen, ihn weit genug vom Bett zu postieren. Trotz Brummschädel hatte sie ein glückliches Lächeln auf den Lippen. Dieses Wochenende gehört uns, dachte sie, alles andere zählt jetzt nicht. Ich habe frei und er ist so nett. Die Wirklichkeit würde sie schon früh genug wieder einholen. Denn was es bedeutete, mit einem Seemann anzubändeln, darüber machte sie sich keine Illusionen.

Kalte Dusche! Sie richtete sich einigermaßen ansehnlich her. Die langen blonden Haare trug sie offen. Enge Jeans und eine blau-weiß-gestreifte Baumwollbluse mit kleinen Rüschen an der Knopfleiste. Etwas Maritimes wollte sie heute tragen. Die Kopfschmerzen blieben. Sie hätte das letzte Bier lieber sein lassen sollen. Langsam fuhr sie in Richtung Hafen. Die Stadt wimmelte schon wieder von Matrosen. Um fünf vor halb elf kam sie zu einer Sperre mit Wache. Oh mein Gott, was für ein Theater. Hunderte von Neugierigen versperrten ihr den Weg. Na, das war's dann wohl. Aber er hatte das anscheinend geahnt, denn er stand an der Straße und wartete. Er strahlte über beide Ohren, als er sie sah. Hanna war froh, ihn nicht enttäuscht zu haben. Ihr Herz machte den gleichen Sprung, ihn wiederzusehen. Dann saßen sie in ihrem Auto, sahen sich zum ersten Mal nüchtern und im hellen Sonnenschein an. Ganz still saßen sie da, hielten sich nur an der Hand, sahen sich an. Seine Augen, die Farbe von weißblaugrau schäumender Gischt, sich verändernd. Ihre blau und glitzernd wie das Meer. Diesen Moment vergaßen sie nie in ihrem Leben. Und was um Gottes Willen passierte ihnen gerade?

Hanna machte den Vorschlag, ihm etwas von der Umgebung zu zeigen. Er fragte, ob sein Freund auch mitkommen könne. Natürlich, warum nicht. Ein paar für Hanna unverständliche Handzeichen zum Schiff hin, dann kam er, Alain hieß er. Ein richtig lustiger und netter Kerl. Sie verbrachten einen wunderschönen, herrlichen und unvergesslichen Tag zusammen. Die beiden Männer waren hinreißend freundlich, humorvoll und vollendete Kavaliere. Wie die meisten Franzosen, dachte Hanna. Und dann musste sie über sich selbst lachen. Gestern hatte sie darüber noch anders gedacht. Immer diese Vorurteile.

Hanna zeigte ihnen das Hotel, in dem sie als Fischköchin tätig war. „Da sind wir heute Nacht in rasender Fahrt dran vorbeigelaufen", lachte sie. Es war die erste Adresse in der Stadt. Sie, die vom Land war und nur die Forellen aus den Teichen kannte.

Der Chef hatte sie damals genau gemustert. „Kannst du schwedisch?", hatte er gefragt. „Jag kan laga mat, ich kann kochen", hatte sie geantwortet und das war ungefähr der eine Satz, den sie konnte. Dass die Stelle in dem Partnerprogramm den Fischkoch besetzen sollte, hatte sie nicht gewusst. Bange war ihr aber deswegen nicht gewesen. Ein Fisch ist ein Fisch, dachte sie sich. Die erste Herausforderung hatte darin bestanden, eine riesige Meerkatze von eineinhalb Metern in die richtigen Teile zu zerlegen, das hieß, sie überhaupt zu zerlegen. Hanna war den Tränen nahe gewesen, die Forelle war einfacher gewesen. In den achtziger Jahren galt es, in Männerdomänen doppelt so gut zu sein, sonst war man weg. Und eine Restaurantküche war so eine Domäne. Aber Hanna hatte Glück, der Fleischkoch war Spanier und half ihr mit allem, was da kam, er wusste, wie es war, Einwanderer zu sein.

Hanna, Adrien und Alain tranken Unmengen von Kaffee an diesem Tag, fuhren durch die Gegend und Hanna zeigte ihnen den berühmten Strand von Tylösand. Picknick machten sie aber in Lynga, wo man erst durch den knorrigen Märchenwald wandern musste, um zum Meer zu kommen.

Es wimmelt nur so vor Pfaden und verdrehten, gewundenen Baumstämmen in seltsamen Formen, die die Fantasie anregten. Niemand wusste wirklich, warum sie so gewachsen waren, ob vom Wetter geformt, durch Insektenangriffen oder vielleicht waren es einfach nur die Gene. Der Fluss Skintan schlängelte sich dazwischen und wollte zum Meer, sie folgten ihm. Es gefiel den Jungs sehr. Wohl in den Dünen angekommen lagen sie in einer Mulde und sahen den Wolken zu, wie sie ihre Formationen veränderten. Ein warmer Tag, dafür dass es Oktober war. Sie erzählten sich von Gott und der Welt. Hanna hatte einen Picknickkorb gepackt mit Cider, Wasser, Kaffee und Lachsbaguettes, die sie in der Bäckerei Regnbågen noch schnell gekauft hatte. Sie schmausten, den Sand unter den Füßen, an dem herrlichen Strand. Adrien, der sie immer so ansah und leise ihre Hand berührte. Alain entfernte sich diskret für einen Strandspaziergang. Adrien und Hanna lagen nebeneinander, als er sich über sie beugte und küsste.

„I fell in love with you at first sight“, sagte er einfach. Hannas Herz machte einen Sprung, nein, sie konnte ihm nicht widersprechen, denn es ging ihr genauso. Sie schmiegte sich an ihn, legte den Kopf auf seinen Arm. Sog seinen Geruch ein, er gefiel ihr. Sie öffnete zwei Knöpfe seines Hemdes und streichelte sanft seinen Brustkorb, fuhr mit den Fingern durch die Haare, die sie da bis jetzt nur vermuten konnte. Sie fühlte sich geborgen. Hanna schloss die Augen, nichts fehlte. Wenn es nach ihr ging, konnte es für immer so bleiben.

Die sprachlichen Barrieren parierten sie mit Küssen, Lachen und Herumalbern. Hanna erzählte ihm von Plougrescant und Thierry. „So einer bin ich aber nicht“, lachte Adrien und zog sie in seine Arme. Ein unvergesslicher Tag.

Gegen Abend versuchten die beiden Männer, Hanna etwas zu erklären, aber sie verstand nur „7:00 Uhr“ und „am Schiff sein“. Na, da müssen die Jungs wohl wieder zurück sein, dachte sie und fuhr in Richtung Hafen. Alain bedankte sich herzlich und verschwand lachend auf das Schiff. Es war fünf vor sieben, als Adrien Hanna fragte, ob sie vorhatte, hier zu übernachten. Und Hanna, die sich selbst mittlerweile für begriffsstutzig hielt, fragte, ob er wieder zu spät kommen wolle. „Du musst doch um sieben auf dem Schiff sein.“ „Ja“, meinte er lachend, „morgen früh um sieben.“ Die Würfel waren gefallen. „Okay, und wo willst du denn dann die Nacht verbringen?“, lachte sie. Wieder sah er sie so unwiderstehlich an.

Hanna machte eine Käseplatte mit frischem Obst und Baguette. Viel hatte sie nicht da, weil sie immer im Restaurant, wo sie arbeitete, aß und nur Kleinigkeiten zu Hause hatte. Gott sei Dank gab es aber noch eine Flasche teuren Amarone. Sie bat ihn, diese zu öffnen, er sah sich die Flasche an und meinte: „Are you sure?“ „Of course“, antwortete sie, „for special occasions“ Aha, Weinkenner war er also auch noch.

Der Abend ging genauso lustig weiter, wie der Tag gewesen war. Sie lachten und scherzten, vielleicht auch, um den Kloß im Hals zu umgehen.

Hanna schämte sich für das Apartment, kaum Möbel, denn sie war ja erst vor kurzem hier eingezogen sozusagen, aber sie hatte so gar keine Lust, ihm irgendetwas davon zu erklären.

Sie legte ihren Kopf auf seine Brust! „Erzähl mir von deiner Insel, da wo dein Zuhause ist. Erzähl mir von Île de Ré.“ Das tat er gern.

Er erzählte von den endlosen Sandstränden, die die Insel umgaben, mit Sand, der fein wie Mehl war und genauso weiß. Deshalb wurde sie auch die weiße Insel genannt. Dann die Fischerhäfen, Salzmarschen und sogar Weingärten, es war wie der Garten Eden, ein Paradies im Miniformat, buchstäblich, denn all das gab es auf nur 85 km^2. Eine einfache Lebensweise, wie in Küstengebieten gebräuchlich. Es gab Schalentiere ohne Ende und der Markt in La Flotte war magnifique.

Es wurde gerade eine große Brücke vom Festland her gebaut. Die Einwohner der Insel hatten, ohne Gehör zu bekommen, protestiert. Sie wollten die Einzigartigkeit bewahren und keinen Massentourismus. Nun war sie aber schon halb fertig.

Er erzählte von den Farben und dem Licht. „Es ist, als sei unsere Insel in sanften Aquarellstrichen gemalt worden. In der Dämmerung und im Morgengrauen werden diese Farben lebendig, das Licht funkelt auf dem Wasser." Hanna dachte, das ist alles zu schön, um wahr zu sein! „Erzähl mehr." Sie wurde langsam müde, Adrien auch, der Amarone zeigte Wirkung.

Da erzählte er ihr von dem Haus. Das kleine, weiß gekalkte Haus, das seinen Großeltern gehört hatte. Es stand in dem Fischerhafen von La Flotte und sah so aus, als ob es da schon immer gestanden hätte. Etwas schief, aber es hatte schlimmen Stürmen standgehalten, und als Adriens Großeltern starben, erbte er es. Er benutzte es als Ferienhaus, als Ruhepunkt, wenn er frei hatte, was nicht so oft vorkam. Es war einfach, aber gemütlich, erzählte er ihr, mit offenem Kamin, und der weiße, endlose Sandstrand war um die Ecke.

Er beschrieb es ihr so lebendig, dass sie es vor sich sehen konnte. Vor dem Haus stand eine Bank. Eine rote Rose kletterte an der Fassade.

Da konnte man abends sitzen und die Sonne im Meer versinken sehen.

Sie sollte kommen, sie würden es sich unendlich schön machen. „Wenn du kommst, werde ich auf der Bank sitzen und auf dich warten," sagte er. Es gab auch ein Boot, mit dem sie aufs Meer fahren konnten. Hannas Herz weitete sich, denn sie liebte das Meer und das Segeln und überhaupt.

Diesmal nahm sie sein Gesicht in ihre Hände und sah ihm in die Augen.

Diese weißblaugrauen Augen! Oh Gott, dachte sie, hilf mir, jetzt ertrinke ich.

Zum ersten Mal traute sie sich. Fuhr ihm mit den Fingern durch die Haare, er roch so gut, der Kuss kam von allein. Jetzt war eh alles egal, alle guten Vorsätze dahin, denn sie beide wussten, es gab nur diese Nacht, ein paar ausgewählte Stunden des

Glücks. Seine Hände, diese wunderschönen Hände. Überall! Er küsste ihren Hals! Diese Franzosen, dachte sie, völlig durch den Wind! Irgendwann standen sie voreinander. Adrien sah sie an, diesmal nahm er ihr Gesicht in seine Hände. Ihre blauen Augen leuchteten wie Sterne. Er berührte sanft ihre Lippen mit seinem Finger. Küsste sie immer wieder zärtlich. „Ich bin nervös. Tu es, mon premier."

Was für ein Mann. Sein Geständnis haute Hanna restlos den Boden unter den Füßen weg. Adrien knöpfte ihre Bluse auf und sie sein Hemd. Ihre Hände verweilten auf seinem Brustkorb. Genauso muss ein Mann sein, dachte sie. Und wusste nicht, dass Adrien dasselbe über sie dachte, so muss eine Frau sein, genauso wie Hanna es ist. Sein Körper war top durchtrainiert. Marinesoldaten gehören zur Elite, dachte Hanna, da steckt einiges dahinter. Sie gaben sich alle Liebe, alles, was sie konnten und wollten, aber es wollte nicht so richtig. Sie waren beide völlig groggy. „We don't have to do this now", flüsterte sie ihm zu, „just hold me tight." Das ließ er sich nicht zweimal sagen und sie schliefen beide engumschlungen ein. Es war ein langer Tag gewesen.

Irgendwann in der Nacht spürte sie seine Bereitschaft. Es war wunderschön. Sie gaben und nahmen mit wilder Entschlossenheit und Leidenschaft, als gäbe es nur diese eine Nacht, und die wollten sie unvergesslich machen. Er verlor seine Unschuld mit ihr.

Am nächsten Tag hatte er Dienst. Hanna kochte einen starken Kaffee und Adrien nahm eine schnelle Dusche. Hanna gab ihm ihre Zahnbürste. „Ich habe leider keine extra," sagte sie. „Das macht gar nichts", lächelte er und küsste sie. Hanna dachte an ihre Oma, die hatte immer gesagt: „Kind, wenn du dir vorstellen kannst, mit einem Mann die Zahnbürste zu teilen, dann sei gewiss, es ist der Richtige." Hanna fuhr ihn zum Schiff. Es war noch alles still, so früh, Tau lag auf der Welt und es war nur eine Wache auf dem Schiff zu sehen. Die Sonne kam gerade über den Horizont, als er sie zum Abschied küsste. Sie zitterte am ganzen Körper. Es ist alles nur ein Traum, dachte sie, versuchte, sich jedes Detail einzuprägen, was sollte nur daraus werden.

Am Nachmittag war Hanna auf das Schiff eingeladen und wieder kam sie nicht durch die Menschenmenge durch. Später las sie in der Zeitung, dass es über tausend Menschen gewesen waren.

Es gab keine Abgrenzung und keine Wache mehr.

Da fuhr sie einfach mit ihrem kleinen blauen BMW durch die Menge, vorsichtig, ja, aber als hätte sie das Recht dazu. Adrien sah es oben vom Schiff aus. Er hatte gewartet, gehofft, dass sie kam. Was für eine Frau, dachte er. Sie muss die Meine werden!

Eine riesige Schlange von Schaulustigen, die das Schiff besichtigen wollten, versperrten jedes Durchkommen. Hanna parkte ein Stück weiter weg und sah zum Deck hinauf. Nein, sie würde sich das nicht antun. Sie blieb ruhig weit hinten von der Menge stehen. Einsam! Da sah sie Adrien hoch oben auf dem Schiff in strahlend weißer Uniform. Er salutierte vor seinem Kapitän und Sekunden später bahnte er sich den Weg über die Gangway, durch die Menschenmasse. Zu ihr! Lachend nahm er ihre Hand, küsste sie innig und zurück ging es durch die Schar, die er teilte wie Moses das Meer.

Die Szene war absolut filmreif. Die Leute reckten neugierig die Köpfe. Hollywood, here we come, dachte Hanna. Sie war so glücklich. Vor lauter Dankbarkeit hätte Hanna dem Kapitän am liebsten auch salutiert, nickte ihm aber nur lächelnd zu. Er lächelte zurück und reichte ihr die Hand. Adrien machte sie kurz bekannt, dann begann das Schiffsabenteuer. Es war groß und Hanna war von dem Rundgang beeindruckt. Adrien erklärte ihr alles, was sie wissen wollte, und so bekam sie auch Sachen zu sehen, die normalerweise vielleicht nicht für die Allgemeinheit bestimmt waren. Sie verstand rasch, dass er trotz seines geringen Alters schon Unteroffizier war. Sie war so stolz auf ihn.

Die Maillé Brézé war ein besonderes Schiff! Obwohl ein Kriegsschiff, hatte sie eine elegante Erscheinung. Vielleicht konnte man es nicht so ausdrücken, aber in Hannas Augen war sie wunderschön. Sie war in den fünfziger Jahren gebaut worden, Nachkriegszeit, wurde danach jedoch bedeutend aufgerüstet und stach heute besonders aufgrund ihrer technischen Ausstattung hervor. Sie ist groß, aber auch schnell und stark, dachte Hanna. Man konnte ohne Ende laufen, sie war 132,65 m lang, aber wie auch immer, sie liefen geschwind hoch und runter.

Sie versuchte, ihm genau zuzuhören, liebte seinen Enthusiasmus, ihr alles zu zeigen, und auf der Befehlsbrücke verstand sie auf einmal. Das war sein Leben. Dort stand er jeden Tag. Sie wollte die Kombüse sehen, das war ihr Gebiet, Knoblauchduft lag in der Luft. Sie kannte die Regeln und wollte nicht stören. Die Kameraden dort freuten sich aber über Damenbesuch und es dauerte keine zwei Minuten, dann war sie schon in rege Gespräche verwickelt. Hier wurden jeden Tag fast 300 Mann verköstigt. Keine leichte Aufgabe! Hanna sah, dass Adrien lieber weiterwollte, sie hatten ja nicht ewig Zeit. Alain kam vorbei, grüßte sie überschwänglich mit Küsschen und dankte für den tollen Tag gestern. Er flüsterte „He talks about you only, big love"und zwinkerte. Andere Kameraden grüßten freundlich. Irgendwann saßen sie in der Messe und Gott sei Dank auch für ein paar Minuten allein. Hanna kämpfte mit dem Kloß und sah lieber erst mal aus dem Bullauge. Sie wusste nun, dass er keinen Ausgang mehr hatte und das Schiff morgen früh ablegen würde.

Adrien nahm ihre Hände in seine, seine schönen Hände. „Hanna", er räusperte sich. Bullauge schauen, okay. Nun war es aber mal so. Er redete mit ihr, niemand anderem. Sie sah ihn an,

„oui", lächeln, Kloß schlucken.

„Hanna, I know, this comes suddenly but I must say it. I am crazy in love with you! I love you!" Okay, schnell verarbeiten, nachdenken, was nun ...

Dann nahm er die Goldkette ab, die er immer trug, stand auf und legte sie ihr um den Hals. „So you know that I am serious." Das Gefühl, als er das tat und seine Hände auf ihrer Haut verweilten, ihrem Nacken, vergaß sie nie wieder. Ihr fiel das Zitat von Theodor Seuss Geisel ein:

„Sometimes you will never know the value of a moment, until it becomes a memory."

Jetzt wurde ihr langsam schlecht, oh Gott, denkt sie, ich kann das nicht, es ist zu viel. Sie saßen lange, hielten einander an den Händen und sahen sich an. Ganz nahe, ganz still.

Er gab ihr seine Adresse vom Schiff und auf Île de Ré, so dass sie ihm schreiben konnte. Die Zeit wurde knapp. Die Besucher waren schon lange weg. Der Kloß in Hannas Hals wurde immer größer. Sie schluckte. Komm, Mädchen, schalt sie sich, bleib bloß tapfer, du hast es dir selbst eingebrockt. Auch wollte sie es ihm nicht schwer machen. Sie würden sich ja wiedersehen. Irgendwann und irgendwo! Etwas anderes kam ja gar nicht in Betracht.

Sie versprach ihm morgen beim Auslaufen zum Leuchtturm zu kommen, sie wollte ihn in den letzten Momenten nicht mit anderen Leuten auf dem Kai teilen. Er zog sie fest an sich, küsste sie in einem endlosen Kuss, sah ihr in die Augen. „Hanna, ich liebe dich! It is you and me now, yes? You come to Île de Ré?"

„Oui, oui, oui", antwortete sie, lachte ihn an, was auch sonst, sie liebte ihn! Dann ging sie, mit geradem Rücken und ohne sich umzusehen, die Gangway hinunter. Schluckte und schluckte.

Dachte, wie verrückt dieses Leben doch war, man wusste nie, wer um die Ecke kam, wen man traf, wann der Blitz einen traf. Sie war unendlich glücklich. Er war es! Ihr Ritter, ihr Prinz! Diese Tage mit ihm, es waren Tage, die man nie vergaß. Ja, genau wie im Film, denkt sie, wem ist so etwas schon vergönnt.

Hanna wachte benebelt auf, wagte kaum, sich zu rühren. Wieder Kopfschmerzen. Hatte es aufgegeben, jeden Morgen aus dem Bett zu springen, um nach der Post zu sehen. Warum zum Donnerwetter konnte er nicht schreiben? Klar, er war auf See, obwohl er ja von Kopenhagen aus … hätte er ja eigentlich, wollte er doch auch …

Ach Mann, Hanna schlief wieder ein, die Nase ganz dicht an der Bluse, die nun schon über eine Woche in ihrem Bett lag und vor drei Tagen noch nach ihm gerochen hatte. Als sie wieder aufwachte, ging es ihr besser. Sie reckte sich, als sie etwas erstarren ließ. Durch die Glastür zum Flur sah sie zwei Briefe vor dem Postschlitz liegen, einer hatte einen Luftpostumschlag. Sie stand nur da und starrte auf den Brief, wusste gar nicht, was sie machen sollte. Der musste doch vorhin auch schon dagelegen haben, und sie hatte seelenruhig weitergeschlafen. Hanna wendete das Kuvert sicher zehnmal hin und her. Zurück ins Bett. Was für ein schöner Morgen. Auf der Karte mit der kleinen Meerjungfrau stand es schwarz auf weiß. Er liebte sie. Dachte immer an sie, war traurig, dass sie nicht bei ihm war. Hatte zehnmal versucht, sie telefonisch zu erreichen. Scheiße, wo war sie denn da gewesen? Sobald er frei hatte, wollte er wiederkommen, und das wäre dann zu Weihnachten. Er wollte also wegen ihr nach Schweden reisen, anstatt das Fest zu Hause zu verbringen. Ganze zehn Tage lang! Er schrieb: „Liebe Hanna, I think very often of you! I have weeping in the boat when you were at the lighthouse." (Ein Mann, der wegen ihr weinte!) „Write me quickly, please. I kiss you very strong and love you enormously. GOOD BY MY LOVE, Adrien". Mit großen Buchstaben. Es war auch ein Foto dabei, das ihn in seiner feschen Uniform zeigte. Es war herrlich altmodisch, schwarzweiß mit einem Adrien, so französisch aussehend, wie es nur eben ging. Er lachte ihr mit seinen Augen entgegen. Es hatte sie erwischt. Als Hanna sich das eingestand, löste sich endlich der dicke Kloß im Hals und die Spannung wich den Tränen.

Es waren Tränen, die sie aus dem von ihr selbst auferlegten Gefühlsstopp befreiten. Wir werden das schon hinkriegen, dachte sie, irgendwie. Sie ergab sich. Es war schön zu wissen, dass da jemand war, der sie liebte. Ja, sie würde warten. Aber sie waren beide auch noch jung genug, sich das Leben so zu gestalten, wie sie wollten. Sie brauchten nichts zu überstürzen. Ob ihre Liebe ausreichen würde für die Probleme, die ihnen bevorstanden? Nun, es würde sich zeigen. Im Moment hielt er ihren Kopf besetzt und sie den seinen. Sie wartete auf ihre Periode.

Sie schrieb ihm einen Brief:

„Ich denk an Dich Tag und Nacht.

Banges Warten. Hab nur Dein Foto, das ich mit ins Bett nehme.

Komm bald wieder! Nerv mich! Lach mit mir ...

Oder auch über mich, ganz egal, Hauptsache, ich habe Dich wieder.

Möchte mit Dir tanzen,

das Herz rutscht in die Hose, die Hände werden feucht.

Nur Gott weiß, wie sehr ich Dich vermisse.“

Hanna wartete und wartete. Sie war sich sicher, dass sie sich nicht in ihm getäuscht hatte. Er war nicht der Typ, der in jedem Hafen ein Mädchen hatte. Seine Gefühle waren echt gewesen. Bald würden sie sich wiedersehen. In den Armen halten und nie wieder loslassen. Sie freute sich sehr auf Weihnachten, es würde so unendlich besonders werden. Sie kaufte einen roten Lichterbogen aus schön geschnitztem Holz mit sieben elektrischen Kerzen. Es war ihre erste eigene Weihnachtdekoration. Sie plante schon das Essen und alles gemütlich herzurichten. Ausschlafen, reden, nicht reden, lange Strandspaziergänge, Plätzchen backen, den Weihnachtsmarkt auf dem Marktplatz besuchen und den Gottesdienst in der S:t Nikolai Kirche an Heiligabend.

Sie freute sich auch sehr auf Île de Ré! Hatte ein Buch in der Bibliothek geliehen um mehr über die Insel zu lesen. Ihr Name bedeutete Insel der Farne. Das kam aus der Zeit als die Römer sie besetzt hatten. Es wird angenommen, dass der Name vom lateinischen Wort ratis stammt, was Farn bedeutet.

Adrien hatte ihr alles erzählt von seiner weißen Insel und wie wunderschön es dort war. Sie konnte ihn auf der windumtosten Mole sehen, die weißen Häuser mit ihren lehmgedeckten Dächern im Hintergrund, über das Meer schauend und an sie denkend. Oder an einem sonnendurchtränkten Tag ein Boot aus der Brandung ziehend. Die schreienden Möwen flogen um ihn herum und als er aufsah, kam ihm ein Mädchen am Strand entgegen. Ihr weißes Kleid flatterte im Wind. Was für ein wunderschöner Traum.

Nichts von alledem wurde je wahr. Die schöne Insel im Atlantik versank im Nebel, sie würde sie nie sehen, nie die süßen Trauben schmecken, die in dem milden Klima reiften. Nie ihm am Strand entgegengehen. Nie für ihn kochen. Nie neben ihm aufwachen und seine Wärme spüren. Nie mehr sein Lachen hören.

Der Anruf kam an einem grauen Dezembertag. Eine Männerstimme fragte auf Englisch, ob sie das Mädchen sei, das Adrien Vien in Halmstad getroffen hatte. „Ja“, antwortete sie, „das bin ich.“ Es hatte einen Unfall gegeben. Adrien war sofort tot. Er hatte nicht leiden müssen.

Hannas Knie gaben nach.

Vielleicht hatte sie deshalb keine Post mehr von ihm bekommen und würde auch nie wieder welche bekommen. Später schalt sie sich, dass sie nichts hinterfragt hatte, sie wusste nicht einmal, wer angerufen hatte.

Zwei Wochen später verlor Hanna ihr Kind durch eine Fehlgeburt. Sie verblutete fast, doch eine schützende Hand wachte über sie. Sie weinte um sich, das Kind, Adrien und ihre Liebe, die sie nun für immer mit ihm begraben musste. Es war auch der Tag, an dem sie zerbrach. Nichts danach wurde jemals so wie vorher. Etwas, das das Herz so tief traf, blieb.

Ihr ganzes Leben lang dachte sie, wie anders es verlaufen wäre, hätte ADRIEN LEBEN DÜRFEN. Und jedes Mal, wenn sie an ihn dachte, trieb es ihr die Tränen in die Augen.

Sie bewahrte ihn in ihrem Herzen wie einen kostbaren Schatz. Der Schlüssel ging verloren, also musste er für immer darin bleiben.

Hanna behielt alles für sich selbst. Was hätte sie auch sagen sollen. Ihre Eltern hatten schon so viel mit ihr durchgemacht, dass sie nur noch das Bedürfnis hatte, alles wieder gutzumachen. Ihnen nur noch Freude zu bereiten und doch wusste sie, dass das nicht möglich war. Sie hätten sich die Haare gerauft, wenn sie gewusst hätten, dass Hanna sich in einen Franzosen verliebt hatte. Dazu noch in der ersten und einzigen Nacht mit ihm schwanger geworden war. Nun war alles vorbei, bevor es richtig angefangen hatte. Zeitweise schien ihr der Schmerz unerträglich. Das Leben war so verdammt ungerecht.

Sie hatte das Gefühl, nie wieder lachen zu können. Warum hatte Adrien so jung sterben müssen, warum hatte er nicht Vater werden dürfen und sie nicht Mutter? Sie wusste nicht einmal, wann sein Geburtstag gewesen war. Und das Einzige, was daran erinnerte, dass sie diesem Mann einmal begegnet war, war seine Kette, die Karte aus Kopenhagen und das Foto. Es stand auf ihrem Nachtisch!

Warum? Hanna verstand es nicht. Es waren Tausende Fragen, auf die es keine Antwort gab.

Ein brasilianisches Sprichwort sagte:

„Wer sich der Liebe aussetzt, setzt sich dem Leid aus."

Wie wahr diese Worte doch sind, dachte Hanna. Aber sie hätte nicht eine einzige Sekunde, die sie mit Adrien verbracht hatte, missen wollen. Nicht eine einzige!

Sie blieb Weihnachten in Schweden. An Heiligabend nahm sie Schlaftabletten. Sie wollte allein sein und in Ruhe trauern.

Die lachenden Gesichter ihrer Familie hätte sie nicht ertragen können. Bei ihnen auf dem Sofa sitzen und heile Welt spielen ging nicht. Und dann hätte sie sagen müssen: „Frohe Weihnachten! Ich habe gerade die Liebe meines Lebens verloren und sein Kind dazu." Das konnte man ja gar nicht verstehen. Obwohl das Heimweh sie manchmal plagte. Ja, sie dachte an ihre Heimat, den Ausgangspunkt ihrer Kreuzzüge. Dem Anfang ihrer Suche. Ihrer Suche nach was?

Die Menschen waren ihr fremd geworden. Sarah bot sich an zu kommen und Hanna nahm dankbar an. Sie war froh, jemanden um sich zu haben, der keine blöden Fragen stellte, sondern einfach nur da war, um sie ab und zu in den Arm zu nehmen. Sie trank viel zu viel und ertränkte sich auch in Arbeit, ließ keine Überstunde aus. Die Stellen in veschiedenen Hotels und Restaurants wechselten sich ab. Die Zeit verging, heilte ihre Wunden jedoch nicht.

Kapitel 3

Seit Tagen versuchte Hanna, Anna davon zu überzeugen, dass das Konzert von Blue Moon ein absolutes Muss war. Sie war ein großer Fan der Band. Aber Anna meinte: „Ja, die sind super, aber mittlerweile alle Opas.“ „Na und“, entgegnete Hanna, „wir sind ja auch keine Teenies mehr, alle großen Bands feiern Comebacks, sogar die Rolling Stones sind wieder auf Tournee und besser denn je. Ich find's toll, dass die noch so gut drauf sind. Blue Moon sind wieder auferstanden. Das ist geil und deshalb gehen wir auch hin.“ Das Konzert war am Freitag, den 5. Juli. Es war gleichzeitig Blue Moons Abschlusskonzert ihrer 6-Städte-Tour durch Schweden. Zuvor waren sie durch Deutschland getourt. Es passte alles gut, es war ihr freies Wochenende. Sie arbeitete viel. Meldete sich immer freiwillig zu Überstunden an. Es half ihr dabei, nicht immer an Adrien zu denken. Sein Foto stand noch immer auf ihrem Nachttisch. Drei Jahre war das nun schon her. Hanna beschloss, sich einen ganz gemütlichen Tag zu machen, mit dem Konzert als krönendem Abschluss. Es war einer der wenigen besonderen Momente, die sie sich in diesen Sommer zugestand, und irgendwie hatte sie das Gefühl, dass es besonders werden würde. Sie freute sich, ohne zu wissen warum. Nachdem sie in Ruhe duschte, und nach einem Imbiss, fuhr sie in die Stadt, um noch etwas zu bummeln. Die Straßen waren voll mit Urlaubern, die Andenken kauften und in Straßencafés Kuchen aßen. Ganz zufällig traf sie dabei auch auf Anna, die noch ein paar Besorgungen machte. „Weißt du was, ich lad' dich auf einen Kaffee ein, dann kommen wir aus dem Gewimmel raus.“ Die beiden Frauen gingen in die Bar des Hotel Mårtenson. An der Tür stand ein Wächter. Das war äußerst seltsam um diese frühe Stunde. Er erklärte mit wichtiger Miene, dass sie nur reinkamen, wenn sie eine Einladung hatten. Hanna kannte den Oberkellner, schließlich hatte sie früher auch hier einmal gearbeitet, und meinte schnell: „Die habe ich doch glatt vergessen, aber sag Johan doch Bescheid, dass wir da sind und du wirst sehen, dass das in Ordnung ist." Mürrisch ließ der Gutgebaute sie durch, er machte sich nicht die Mühe, das zu überprüfen. Die Bar war gut besucht, was wahrscheinlich an den Gitarrenklängen lag, die von der Bühne kamen. „Wer ist denn das?", fragte Hanna den Barkeeper und der antwortete mit aufgeregtem Ton: „Das ist doch David Mills mit seiner Guitar Clinic." „Aha", meinte Anna und fügte leise hinzu: „Noch nie von gehört, aber nett gebaut ist er ja." Hanna sah genauer hin. Der Mann auf der Bühne war muskulös, hatte lange schwarze Haare, die mit einem locker geflochtenen Zopf zusammengehalten waren, er hatte markante Züge, bernsteinbraune Augen, trug ein schwarzes T-Shirt, Lederweste und Indianerschmuck. Er war so Mitte 30 und spielte sein Instrument mit beeindruckender Leichtigkeit. „Er spielt verdammt gut", sagte Hanna zu dem Barkeeper. „Ja, nicht wahr? Er ist einer der besten Gitarristen der Welt." „Aha", meinte Anna wieder, diesmal interessierter, „und auch ziemlich süß. Findest du nicht auch, Hanna? Hanna?" Hanna war in Gedanken versunken, dachte darüber nach, wo sie den Namen schon mal gehört hatte, konnte aber partout nicht darauf kommen wo. David Mills. Er hatte eine unglaubliche Ausstrahlung. Sein Lächeln war echt und sehr ansteckend. Er wirkte locker und gemütlich, obwohl sein Spiel teilweise sehr intensiv war. Er hatte einen Haufen verschiedener Gitarren dabei, auf denen er spielte und die er den geladenen Gästen demonstrierte. Er ging in seinem Gitarrenspiel auf und das Publikum mit ihm. Niemand konnte sich der Magie seines Spielens entziehen. Aber so war das nun einmal mit der Musik. Geduldig beantwortete er auch alle Fragen, die ihm gestellt wurden. Aber Hanna hörte sowieso nur mit einem halben Ohr hin. Sie hielt nichts von Musikern. Sie gehörten ihrer Meinung nach zu der gleichen Kategorie wie Rocker. Die Frauen waren vom Kaffee zum Pastis übergegangen. Sie waren die Einzigen im Lokal, die an der Bar saßen, und sie unterhielten sich mal wieder über ein leidiges Thema – na was wohl? – Männer. „Weißt du, Anna, ich habe die Nase so restlos voll von den Männern, so sehr, dass ich sie schon gar nicht mehr sehe!" Anna lachte. „Na, lass den Richtigen nur erst kommen, dann siehst du ihn und kannst nichts dagegen tun." Johan kam und begrüßte sie kurz. „Ich wusste gar nicht, dass du auch an Musik interessiert bist", sagte er. „Ja, du weißt eben nicht alles von mir." Und leise fügte sie hinzu: „Gott sei Dank". Er war manchmal so aufdringlich. Einen Augenblick später kreuzten sich David Mills' und Hanna Sommers Blicke. Er sah in ihre Augen und sie in seine. Sie wussten beide nicht, was ihnen geschah. Vielleicht war es Zufall, vielleicht Schicksal. Schnell wandte Hanna sich ab. Doch etwas war geschehen. Dass ihr sowas passierte, sie konnte es nicht fassen. Unsicher drehte sie sich noch einmal in seine Richtung und registrierte, dass er sie anlächelte. Wen meinte er denn da bloß hinter ihr? Aber natürlich war da niemand. „Er lächelt dich an", zischelte Anna. „Aha", sagte Hanna. Ihr Mund war auf einmal trocken und ihre Knie zitterten. „Einen Black Bush, bitte", hörte sie sich sagen. Gott sei Dank saß sie auf einem Barhocker. Oh nein, dachte sie, lieber Gott, lieber Gott, lass diesen Kelch an mir vorübergehen. Ich kann mich bitte nicht in ihn verlieben, einen dahergelaufenen Musiker, und das ganze Elend von vorne. Sie wollte keinen neuen Logan und auch keinen neuen Adrien. Sie war fertig mit Weinen. Wieder dieser Blick, das offene Lachen und diesmal konnte sie nicht anders, als zurückzulachen. „Der hat ein Auge auf dich geworfen, Hanna", meinte Anna, „sag mal, du denkst doch nicht an Logan?" Nagel auf den Kopf.

Er hatte aufgehört zu spielen und Hanna wunderte sich kein bisschen, dass er sich mit einem „May I?" neben sie setzte. Ja, sie hatte das alles schon mal durch, aber sie war älter geworden und keine dumme Gans mehr. Schnell fasste sie sich, der Black Bush tat sein Übriges. Gesegnet waren alle Black Bushs. Sie würde sich dieses eventuelle Abenteuer gönnen, mit der Reife einer Frau, die wusste, was sie wollte. Lach!!! Was sie wollte, wusste sie nun wirklich nicht! David wusste auch nicht, warum er sich neben sie setzte. Es war gegen seine Prinzipien. Er sprach nie irgendwelche Frauen an. Er hatte Tausende weibliche Fans. Doch dieses Mal war etwas anders. Er musste einfach. Diese Frau zog ihn an wie ein Magnet. Hanna war froh, dass sie fließend Englisch sprach, da er dem Anschein nach kein Wort Deutsch konnte und schon gar kein Schwedisch. Er war ihr sympathisch, obwohl äußerlich weniger ihr Typ. Eigentlich hatte sie die Hippiezeit hinter sich. Doch Moment mal, er machte sie auf jeden Fall so nervös, dass sie sich später beim besten Willen nicht daran erinnern konnte, worüber sie gesprochen hatten, und das war ihr seit ewig und drei Tagen nicht mehr passiert. Er sagte ihr auf den Kopf zu, was sie dachte, fühlte, wollte, wer sie war ... Woher kann er das alles wissen, dachte sie, es gibt doch keinerlei Anhaltspunkte oder steht mir mein Leben auf die Stirn geschrieben? Er brachte sie zum Lachen. Anna grinste.

Ein wichtig aussehender Typ kam und sagte ihm, dass sie losmüssten. David fragte sie, was sie am Abend vorhatte. „Ja also, wir wollen zum Blue-Moon-Konzert. Vielleicht möchtest du ja mitkommen?“ Irgendwie fand sie, dass er da ausgezeichnet hinpassen würde. „Findest du die gut?“, fragte er. Ja natürlich fand sie die gut und erzählte ihm, dass sie seit Jahren Fan der Gruppe sei. „Ich bin ganz schön gespannt, wie fit die Opas noch sind.“ Eine Limousine mit dunkel getönten Scheiben fuhr vor und er stieg ein. Anna blieb mit offenem Mund stehen. „See you later then“, rief er aus dem offenen Fenster. Die Limousine fuhr los und sein Blick ließ sie nicht los, bis der Wagen um die Ecke war. Weg war er. Erschrocken dachte sie, dass sie ihn in dieser Menschenmenge des Publikums niemals wieder finden würde. Da kam der wichtig aussehende Mann und reichte ihr eine Plastikkarte. Sie starrte darauf und mit einem Mal wusste sie, wo sie den Namen David Mills schon gehört hatte. Die Röte schoss ihr ins Gesicht. You!, dachte sie erbost, besann sich jedoch eines Besseren und lachte. Schließlich musste man ja die Würde wahren. „Backstage Pass“ stand auf der Karte. David Mills war der neue Gitarrist von Blue Moon. Und sie hatte ihn Opa genannt. Warum tu ich das meinem Herzen an? dachte sie. Doch es war zu spät. Sie war bereits verraten und verkauft.

Das Konzert war selbstverständlich der totale Hammer. Die Stimmung auf Hochtouren, die Menge tobte. Open-Air-Arena

Brottet in Halmstad direkt am Meer, inklusive Sonnenuntergang, Sommerabend, tollem Wetter! Hanna blieb bis zum neunten Song, der ihr absoluter Favorit war, im Publikum. Sie genoss es, ihn von hier aus ungestört betrachten zu können, das kraftvolle Spiel, sein herzliches Lachen, das so ansteckend war, kurz: jede Regung seines Körpers. Da konnte die Fantasie schon mal mit einem durchgehen. Trotzdem wollte sie ihn zappeln lassen. Sie hatte schon bemerkt, dass er in die Menge schaute, ein bisschen mehr als die anderen Bandmitglieder. Hanna nahm einen tiefen Schluck aus Annas Bierflasche, umarmte sie, um sich dann einen Weg durch die Menschenmenge zu bahnen. Sie griff wohl zum hundertsten Mal nach dem Pass in ihrer Tasche, bevor sie ihn vorsichtig dem Wächter zeigte. Und, oh Wunder, er ließ sie durch. Ein paar Roadies musterten sie neugierig und dachten sich wohl ihren Teil. Hanna versuchte, so lässig wie möglich auszusehen, und platzierte den Backstage Pass, so auffällig es nur ging. Sie kam sich so blöd vor, wie ein Groupie, aber sie war weder 15, noch wollte sie jemand werden, der im Graben stand. Viel Zeit zum Nachdenken blieb ihr Gott sei Dank nicht, denn auf einmal kam Bewegung in die Szene. Die Bandmitglieder kamen hinter die Bühne, trockneten sich den Schweiß und tranken Wasser, ja tatsächlich, Wasser. Hanna war unfähig, sich von der Stelle zu rühren. David sah sie zum Glück jedoch sofort und umarmte sie mit einem zärtlichen „Hello!“ Seine Nähe, sein Geruch, seine Augen rissen sie vom Hocker, und diesmal war sie froh, dass sie nicht auf einem saß. Auch wenn es vielleicht ein bitterböses Erwachen geben würde, auf der rosaroten Wolke, die da gerade vorbeischwebte, wollte sie mitfliegen. Die Menge schrie: „Zugabe, Zugabe!“ David lachte. „Don’t move.“ Dass Blue Moon wieder so gut spielten, war auch zu einem großen Teil Davids Verdienst. Er hatte eine unglaublich positive Ausstrahlung. Wenn er lächelte, lächelten alle anderen auch, die Band, das Publikum, die Techniker, die Reporter und Hanna. Nach drei Zugaben war endgültig Schluss. Sie hatten alles gegeben. Schon war er wieder bei ihr, schweißgetränkt, nahm ihre Hand und ging mit ihr zum Tourbus. Wieder lächelte er sie an und plötzlich wussten sie alles voneinander. Waren Seelenverwandte. Keine Verstellung. Etwas in ihnen sagte ihnen, dass das Jetzt zählte und dass es nie wieder so sein würde. Ein Kuss wie ein ganzes Leben. Lange her das ein Mann sie so geküsst hatte. Dann kamen die anderen. Sie grinsten. David stellte ihr die Bandmitglieder der Reihe nach vor. Hätte ihr jemand vor einer Woche gesagt, dass sie heute mit Blue Moon im Tourbus Bier trinken würde, hätte sie ihn für verrückt erklärt. David hielt ihre Hände, sah ihr tief in die Augen und sagte ganz ernst: „Ich möchte dich gern kennenlernen, aber wir fliegen noch heute Nacht nach England. Wie lösen wir das?" Ja, darauf hatte Hanna nun auch keine Antwort, aber die Adresse aufzuschreiben, hatte noch nie geschadet und genau das tat sie. Ruft er an, dachte sie, war es nicht nur Quatsch für ihn gewesen, wenn nicht, ist er den Boden nicht wert, auf dem er geht. So einfach war das. Der Bus fuhr. Leere. Verdammte Scheiße! Hanna drehte sich um und verließ den Platz. Der Backstage Pass hing noch an ihrer Jacke.

Innerhalb eines Tages war Hanna zurück im Alltagstrott. David hielt Wort und rief an, immer vormittags vor ihrem Dienst oder spätabends. Jedes Mal war sie hundemüde, aber das machte ihr nichts aus. Sie redeten und redeten. Er rief jeden Tag an. Dann kam ein Expressbrief. Seltsam. Hanna öffnete den Brief noch im Gehen. Es war ein Flugticket. Nur langsam ging ihr das in den Kopf. Sie war erschöpft. Dann ein Sprung in die Luft. Die Nachbarin kam mit ihrem Hund, erfreuliche Nachrichten wohl, ja, ja, erfreuliche Nachrichten, nein, kein Lottogewinn. Das Ticket von Göteborg nach London war auf den folgenden Samstag ausgestellt, er hatte sich also gemerkt, dass da ihr Urlaub anfing. David hatte ihr erzählt, dass die Band zwei Wochen Pause in England machen wollte, um dann die Welttournee in Übersee fortzusetzen. Der Mann hatte ja echt klasse, das musste man ihm zugestehen. Hanna war gerührt. Ein Telegramm war zugefügt, auf dem stand: „I hope to see you at Heathrow 13.30 Saturday, love David". Wer konnte so einer Einladung widerstehen? Im Ernst, wer? Nicht einmal Hanna, nach allem, was ihr passiert war, konnte es. Nein, sie würde immer wieder darauf reinfallen, immer und immer wieder. Im tiefsten Inneren sehnte sie sich nach Nähe und einer starken Schulter, an die sie sich anlehnen konnte. Anna versprach, nach den Blumen zu sehen. Dann lief alles nur noch wie im Film ab, Hanna kaufte noch eine neue Bluse (Sommerschlussverkauf), sagte den Zahnarzttermin ab und tauschte etwas Geld. So langsam stellte sich die Nervosität ein. Dagegen hatte bis jetzt immer noch ein Black Bush geholfen. Dann ließ sie alles hinter sich.

Im Flugzeug ging ihr immer wieder durch den Kopf, wie wenig sie ihn eigentlich kannte. Sie wusste fast gar nichts von seinem Leben, was er mochte oder auch nicht, sein Leibgericht (obwohl sie fest entschlossen war, was immer es auch sei, es ihm zu kochen). Typisch Köchin! Sie wusste nichts über seine Familienverhältnisse, ja nicht einmal sein Geburtsdatum. Sie hatten sich dreimal geküsst und sonst nichts. Wie würde er sie empfangen? Wo würde sie wohnen? Hatte er jetzt überhaupt Zeit? Tausende Fragen und keine Antwort. Aber das war auch gar nicht das Wichtigste, das war ja schon passiert, sonst säße sie ja nicht in diesem Flugzeug. Gespannt wie ein kleines Kind vor seinem Geburtstag sah sie durch das kleine Fenster, als das Flugzeug Anflug auf London nahm.

In ihrer Fantasie hatte sie die Ankunftsszene schon hundertmal durch, doch dann kam alles ganz anders. Als sie nach der Passkontrolle durch die Tür der Empfangshalle ging, blieb sie erst einmal stehen und sah sich suchend um. Weit und breit kein David! Aha, dachte sie, das fängt ja schon mal gut an. Hilflos sah sie sich um. Sekunden später registrierte sie den Sänger von Blue Moon. Er kam wild gestikulierend auf sie zu. „Sorry, sorry, David couldn't make it, welcome to London anyway, Hanna. It's nice to see you! How was the flight?" Und so weiter. Hanna blieb keine Zeit zum Nachdenken oder Enttäuscht sein, denn Bob redete ununterbrochen auf sie ein. David hatte sich durch einen wichtigen Termin mit einer Gitarrenfirma verspätet und war dann noch im Verkehr steckengeblieben. Er hatte Bob via Handy gebeten, Hanna in Heathrow abzuholen. Die Fahrt dauerte nicht so lange. Bob lud sie an einem Apartmenthaus ab, reichte ihr Davids Wohnungsschlüssel, von dem er einen Ersatz hatte und meinte dann, David würde „as soon as possible" auftauchen. „Du sollst es dir gemütlich machen." Na bravo, was auch immer, so hatte sie sich das nicht vorgestellt. Aber dass er ihr einfach so seinen Wohnungsschlüssel überließ, war der Hammer. Hatte also Vertrauen zu ihr, der Mann. Vorsichtig öffnete Hanna die Tür und kam sich dabei wie ein Einbrecher vor. Hoffentlich sah sie keiner.

Hanna ging auf Zehenspitzen durch das ganze Apartment, es bestand aus drei Zimmern, Küche und einem gigantischen Bad mit Jacuzzi. David wohnte hier nur, wenn er sich in England aufhielt. Sein eigentliches Zuhause hatte er in den USA, so viel wusste Hanna. Alles war aufgeräumt und gemütlich. Überall lagen dicke Teppiche. Die Einrichtung war eher spärlich, aber exklusiv. An den Wänden hingen riesige, ausdrucksvolle Naturbilder und über dem Bett ein wunderschöner gewebter Wandbehang. Ein großer geschnitzter Adler schwebte an der Decke. Er hatte einen guten Geschmack, fand Hanna. Sein indianisches Blut schimmerte durch. Der Esszimmertisch in rustikalem Holz, die Stühle genauso. In einem Regal Fotos von seiner Tochter. Alles in allem hinterließ es den Eindruck, dass hier ein vielseitig interessierter Mensch lebte. Naja! Hanna konnte es nicht lassen, die Schränke und Kochmöglichkeiten der Küche durchzuchecken. Er hatte wenigstens eingekauft. Da würde sie später mal die Ärmel hochkrempeln. Nun gut, sie würde schon das Beste aus der Situation machen. Bei seiner Musikanlage blieb Hanna die Spucke weg, das war was anderes als ihre Anlage vom Kaufhof. Sie legte eine CD von Pink Floyd ein, um der Stille zu entkommen, und packte ein paar Sachen aus. Dann konnte sie der Versuchung nicht widerstehen, sich unter die Dusche zu stellen, um den Reisestaub loszuwerden. Deshalb hörte sie David auch nicht nach Hause kommen. Sie fiel vor Schreck fast in Ohnmacht, als er an die Tür klopfte und ihren Namen rief. Wieder das Herz in der Hose, Tür auf, braune Augen, Mund auf Mund, das Handtuch rutschte. In seinen Armen fand sie Glück, das mit der Welt, die sie kannte, nichts mehr zu tun hatte. Ihre Körper schmolzen zu einem zusammen, ganz langsam bewegte er sich, wartete, bis sie ihm entgegenkam. Sie sahen sich die ganze Zeit in die Augen. Es war, wie nach einer langen Reise nach Hause zu kommen. Engumschlungen schliefen sie ein. Von da an verbrachten Hanna und David jede Sekunde in dem Bewusstsein, dass der andere wirklich da war. Es waren sorglose Stunden vollkommenen Glücks. Natürlich ärgerte sie sich über manche Sachen, genau wie er auch, aber wenn man verliebt war, sah man über alles hinweg. Da war der andere gerade so liebenswert, wie er war. Angewohnheiten, die einen im Alltag vielleicht nerven würden, waren dann Banalitäten, die man lächelnd akzeptierte. Sie hatten eine Woche, genauer gesagt 192 Stunden, bevor David mit Blue Moon die Tournee in den USA fortsetzen würde. 192 Stunden der Liebe natürlich, aber, ach, auch so viel mehr. Gedankenaustausch zweier Menschen, die viel erlebt hatten. Er war der erste Mann seit Langem, der wirklich an ihrem Leben interessiert war, an ihren Ansichten, Gefühlen und Erfahrungen. Für ihn war sie die erste Frau seit Langem, die ihm zuhörte, ohne ständig zu unterbrechen. Sie waren sich ähnlich, hatten die gleiche positive Lebenseinstellung, die Möglichkeit, einander auch mal ohne Worte zu verstehen, und Toleranz anderen Menschen gegenüber. Er brachte sie zum Lachen und sie ihn.

David hatte eine zehnjährige Tochter, lebte aber von deren Mutter seit einiger Zeit getrennt. Es waren auch einige Freundinnen gekommen und gegangen. Da war noch viel, was schmerzte, und Hanna rührte nicht darin rum. Im Moment führte er ein ziemlich rastloses Dasein und Hanna fragte sich im Stillen, ob er mit seinem Lebensstil wohl jemals einen Garten umgegraben oder Mittagessen gekocht hatte. Sie dagegen hatte niemals ihre Finger über Gitarrenstränge gleiten lassen, nie die Ekstase des Spiels erlebt, nie ein gutes Lied geschrieben oder auf der Bühne vor Tausenden begeisterten Fans ein Konzert gegeben. 192 Stunden. Sie kochten fast jeden Tag zusammen. Es zeigte sich, dass er doch nicht so unbegabt war, wie sie anfangs gedacht hatte. Erst der Bummel über den Markt, da wusste Hanna natürlich Bescheid und begutachtete jede Tomate, die sie kauften. Dann ging's los. Hanna zeigte ihm all ihre kleinen Tricks in der Küche, wie man eine Apfelsine filierte, am besten eine Zwiebel schnitt und am schnellsten die Knoblauchpresse saubermachte. Er stellte sich sehr geschickt an, gab aber zu, dass er fast nie kochte, sondern meistens auswärts aß.

Sie hatten die anderen Bandmitglieder mit ihren Frauen zum Essen eingeladen. Den ganzen Tag vorher eingekauft. David lieh vom Nachbarn einen langen Esstisch mit passenden Stühlen und Geschirr, Gläser sowie Besteck. Während David sich um die Getränke kümmerte und den Tisch deckte, werkelte Hanna mit hochroten Wangen in der Küche, mit der einzigen Unterbrechung, den Wein zu probieren und ihm zu zeigen, wie man die Servietten schön falten konnte. Und genauso, wie sie sein Gitarrenspiel bewunderte, sah er ihr nun zu, wie sie geschickt die Rohwaren bearbeitete. Dass sie Köchin war, fand er ungemein interessant. Es gab mit Meerrettichcreme gefüllte Lachsröllchen zum Aperitif, einem Limoncello Spritz. Dann einen Tatar von geräuchertem Hirsch als Vorspeise. Ein Wunder, dass sie die Zutaten hier auf Anhieb gefunden hatte. Als Hauptgericht Seezungenfilets in Wermut Sauce, Herzoginkartoffeln und Blattspinat. Das Zimt Parfait auf einem Spiegel von Calvados Sauce rundete die Mahlzeit perfekt ab. Sie aßen, bis sich keiner mehr rühren konnte. Und Bob meinte scherzhaft, dass die Band unbedingt einen eigenen Koch brauche. Es wurde ein ausgesprochen lustiger Abend und als David gegen 2:00 Uhr morgens die letzten Gäste verabschiedete, schlief Hanna vor Erschöpfung oder vom Wein, das sei dahingestellt, innerhalb von Sekunden auf dem Sofa ein. Als David sie zärtlich auf die Stirn küsste und zudecken wollte, zog sie ihn jedoch über sich. „Gibst du dich mit einem Kuss zufrieden?“, flüsterte sie. Er tat es nicht.

Am nächsten Tag machten sie einen Besuch in Kew Gardens, einem riesigen Vorzeigepark mit botanischem Forschungszentrum. Für die garteninteressierte Hanna natürlich eine

Augenweide. Sie spazierten Stunden und entdeckten doch immer wieder etwas Neues. Und Hanna merkte, dass David hier durchaus zu gebrauchen war und Interesse zeigte. In Wirklichkeit war er naturverbundener, als sie ahnte. Denn wo sonst als in der Natur hätte er die Kraft schöpfen können, die ihn zu so einem genialen Musiker machte? Es machte ihm jedoch Spaß, sich von ihr alles erklären zu lassen. Sie war mit Feuereifer bei der Sache. Als sie im Gras saßen, um alle Eindrücke und Düfte auf sich wirken zu lassen, legte David seinen Kopf in ihren Schoß. Sie strich mit dem Finger über sein Grübchen, das sie abgöttisch liebte. „Hanna", sagte er, „ich war in meinem ganzen Leben noch nie so glücklich und deshalb lass ich dich auch nie wieder gehen." Und Hanna war selbst zu glücklich, um ihm zu widersprechen, obwohl ihr klar war, dass das so einfach nicht werden würde. Verliebt zu sein bedeutete noch lange nicht, dass man auch zusammenleben konnte. Den Duft der Rosen jedoch, die dort neben ihnen wuchsen, bewahrte sie in ihrem Herzen. Es waren Maiden's Blush. Er machte Fotos von ihr vor den Rosen und sie baten ein vorbeigehendes Paar ein gemeinsames Foto von ihnen beiden zu machen. Sie hielten sich fest umarmt. Hanna war froh, dass sie privat blieben. Niemand war sonst in der Nähe. Paparazzi waren das Letzte, was sie jetzt wollten. Mitten in London gab es einen Geheimtipp, eine Oase der Großstadt. Chelsea Physic Garden, dort gab es die seltensten und interessantesten Pflanzen, die man sich nur denken konnte. Hanna hätte hier nach Herzenslust einkaufen können, aber die Blumen hätten den Transport wahrscheinlich nicht überlebt. David kaufte deshalb zum Trost Blumenzwiebeln von einer Blume, die sie noch nie gesehen hatte, sie hieß Fire Lily. Hanna bedankte sich mit einem Kuss und sagte: „Du willst ja nur, dass ich jedes Mal an dich denke, wenn ich die Blumen sehe." Bei seiner Antwort blieb ihr dann die Spucke weg. Er sagte: „Ich will nicht nur, dass du an mich denkst, Hanna, ich möchte dich gerne einladen auf die Tour durch die USA und danach möchte ich dir mein Zuhause zeigen. Als sie bei uns essen waren, habe ich schon mit den anderen gesprochen. Sie sind mehr als einverstanden."

Er lachte, wurde dann aber gleich wieder ernst. „Ich weiß, dass das vielleicht etwas plötzlich kommt, aber ich wünsche es mir sehr, Hanna." Er war nicht der Typ, der Reden hielt, und sie spürte, dass er sich das lange zurechtgelegt hatte. Und mit den anderen hatte er auch schon gesprochen. Oh là là! Hanna wusste nicht, ob sie darüber weinen oder lachen sollte, deshalb sagte sie nur: „Darüber muss ich aber nachdenken, okay?"

Die Heimfahrt verlief schweigsam. Natürlich fühlte sie sich unendlich geschmeichelt. Welch ein Angebot! Obwohl es ja ganz und gar nicht ihre Art war, sich aushalten zu lassen. David wollte unbedingt für alle Kosten geradestehen, ihr sogar noch eine komplette Garderobe kaufen, weil sie nicht so viele Sachen mithatte. Vielleicht ahnte er, dass ihre finanziellen Möglichkeiten gleich null waren. Sie war immer froh, wenn das Geld für die Hausraten und das tägliche Leben reichte. Und im Urlaub höchstens mal an die Ostsee. Dass die USA ein ganz heißer Traum waren, sie konnte nicht umhin, es zuzugeben. Sie überlegte – ihr noch ausstehender Urlaub würde gerade so für die Reise reichen. Sie war immer für ihren Chef eingesprungen, das konnte er ihr nicht verweigern. Hanna wand sich innerlich. Gab es einen Haken? Konnte sie etwas verkehrt machen? Eigentlich nicht, schließlich war es nur eine Reise!

Am vorletzten Abend war Partytime angesagt. Hanna war froh, dass sie ihren Hosenanzug mitgenommen hatte. Einfach, aber elegant, dunkellila, mit Samtaufschlägen und nur mit Spitzen-BH in der gleichen Farbe darunter. Sie machte sich sorgfältig zurecht. Er sollte sich mit ihr sehen lassen können. Obwohl das mit dem Outfit nicht so genau war, David ging immer nur in Jeans und hätte auch in gar nichts anderes reingepasst. Als sie schließlich das Badezimmer verließ, sah David sie unbeweglich an. Unsicher wandte sie sich dem Spiegel zu. Irgendetwas verkehrt? Ein Fleck? Nein, ganz und gar nicht. David fasste sie von hinten um die Taille und meinte, sie sähe zum Anbeißen aus. Er war aber selbst auch nicht von schlechten Eltern und hatte diese wahnsinnig maskuline Ausstrahlung, die ihr jedes

Mal den Mund wässrig machte. Vielleicht kam das von seinem indianischen Hintergrund, obwohl er alles andere als ein Macho war. Er fing an, an ihrem Ohrläppchen zu knabbern, und wenn die Türklingel nicht gerade geklingelt hätte, wäre aus der Party nichts geworden. Hanna genoss es, unter Menschen zu sein. Sie fand nie richtig heraus, wer eigentlich zu wem gehörte. Kunterbunt gemischt und alle möglichen Typen von Menschen. Irgendein Plattenproduzent war der Gastgeber. Er begrüßte sie mit Handkuss und Hanna musste sich beherrschen, um nicht laut loszulachen. Gott, war der schmierig. Es gab ein gigantisches Buffet, das vor einer Spiegelwand aufgebaut war. Ein Schwan aus glitzerndem Eis diente zur Dekoration. Das Roastbeef und der geräucherte Fisch waren ausgezeichnet. In den Salaten jedoch war viel zu viel Mayonnaise, das machte man doch gar nicht mehr. Hanna konnte ihren Beruf nie verleugnen. Sie unterhielt sich mit so vielen verschiedenen Menschen, dass sie sich nachher nicht mehr an alle Namen erinnern konnte. Hin und wieder verlor sie David aus den Augen, er war aber immer wieder da, wenn ihr Glas leer war. Jemand bot ihr Kokain an, doch sie sagte nur, dass das schon lange nicht mehr ihr Ding sei. War es nie gewesen. Sie hoffte, dass David die gleiche Einstellung dazu hatte. Irgendwann spürte sie Davids Atem in ihrem Nacken. „Ich bin sie alle leid“, flüsterte er. „Ich auch“, stimmte Hanna ein und lehnte sich an ihn. Zehn Minuten später saßen sie im Taxi nach Hause. Der Taxifahrer lächelte vor sich hin. Schließlich war er auch mal jung gewesen. David und Hanna ließen sich Zeit. Er servierte ihr ein Glas Champagner und zündete überall Kerzen an. Selbst nahm er lieber ein Bier. Sie rauchten einen kleinen Joint. Hanna hatte eigentlich alle Drogen zusammen mit Logan hinter sich gelassen, mit David aber fühlte es sich natürlich an. Sie berührten einander mit einer wahnsinnigen Zärtlichkeit, jeder einzig darauf bedacht, den anderen glücklich zu machen. David war ein feinfühliger Liebhaber. Gleichzeitig besaß er eine Kraft, die sie fast hilflos werden ließ. Sie ließen nichts aus! Als sie später engumschlungen dalagen, matt und warm, flüsterte Hanna: „David, ich möchte noch viel mit dir erleben. Ich komme sehr gerne mit dir in die

USA." Der nächste Tag war mit hunderterlei Dingen angefüllt. Nachdem Hanna am Morgen von ihrem Chef in Halmstad Klarzeichen für weiteren Urlaub bekommen hatte, fuhr sie in die Stadt. Bobs Frau kam mit und wollte ihr beim Einkaufen helfen. Ein Touristenvisum musste auch noch organisiert werden. David traf sich mit der Band, sie hatten ja auch noch einiges zu besprechen und zu regeln. Zu Mittag wollten sie dann alle gemeinsam essen und hatten sich in einem griechischen Restaurant verabredet. Shopping in London, allein das war schon eine Reise wert. Bobs Frau Lisa war wirklich ein Schatz, sie hatten sich ja schon bei dem Essen getroffen und auf Anhieb verstanden. David hatte ihr einfach seine Kreditkarte in die Hand gedrückt und gemeint, sie solle sich doch was Schönes kaufen. Doch Hanna war viel zu praktisch und geldbewusst, um diese Situation auszunutzen. So kamen nur die Dinge auf die Liste, die sie wirklich brauchte. Ein paar neue Jeans und eine helle Leinenhose. Zwei Blusen zum Wechseln und ein Paar bequeme Laufschuhe. Das war alles und damit würde sie schon zurechtkommen. Sie ging auf eine Bank, um wenigstens das Geld abzuheben, das ihr zur Verfügung stand. Sie wollte auf keinen Fall die ganze Zeit von David leben, das ließ ihr Stolz nicht zu. Als Lisa und Hanna die anderen dann beim Griechen trafen, merkten sie sogleich, wie verstimmt alle waren. David war gar nicht bei der Sache, es hatte Probleme mit dem Veranstalter gegeben. Das bedeutete, dass die Band so schnell wie möglich fliegen musste. Es waren auch noch andere Schwierigkeiten aufgetaucht, da aber alle so schnell sprachen, bekam Hanna nicht alles mit und wollte auch nicht nachfragen. David küsste sie und fragte, ob sie ihm böse sei, wenn er noch mal wegmusste, und ob sie alles hatte erledigen können. „Ja natürlich", antwortete sie, „mach dir mal um mich keine Gedanken. Kümmere dich in Ruhe um alles und ich warte dann zu Hause auf dich." Lisa kam noch auf eine Tasse Kaffee mit hoch und sie unterhielten sich. Hanna fragte sie, warum sie nicht mit auf Tour käme. „Ja, weißt du, bevor wir die Kinder hatten, war ich immer dabei, aber das ist ein ziemlich unruhiges Leben und deshalb bleibe ich jetzt lieber zu Hause." Hanna verstand das gut. Und zum ersten Mal kam ihr der Gedanke, dass David und sie keine gemeinsame Zukunft hatten, ohne dass einer nicht alles für den anderen aufgab. Es erschreckte sie. Es war alles fertig, Hanna hatte noch saubergemacht und ein einfaches Abendessen vorbereitet. Morgen um diese Zeit saß sie mit David in der Maschine nach Atlanta, da, wo die nächste Olympiade stattfinden sollte. Sie waren schon sehr gespannt. So langsam packte sie das Reisefieber, was sich bei ihr leider immer mit unruhigem Magen bemerkbar machte. Sie nahm sich einen Whisky und wartete auf David. Als er gegen 19:00 Uhr endlich kam, war die Sorgenfalte auf seiner Stirn unübersehbar. Doch darauf war Hanna schon gefasst gewesen. Zuerst ließ sie ein heißes Bad für ihn ein, um in der Zwischenzeit den Krabbensalat fertig zu machen. Dazu gab es eisgekühlten Weißwein und Baguette. „Entspann dich erst mal, dann können wir nachher reden", sagte sie und er war zu geschafft, um zu widersprechen. Nach dem Bad und Essen zogen sie sich ins Schlafzimmer zurück, wo Hanna ihm eine Ganzkörpermassage mit Rosmarinöl gab. Er war einfach unwiderstehlich, wie er so dalag. Er war so maskulin, und sie liebte es, ihre Hände über seine harten Muskeln gleiten zu lassen. Er hätte durchaus auch als Model arbeiten können. Gleichzeitig war er romantisch, erotisch und humorvoll, ja, sie hätte diese Liste ewig lang machen können, wie sie es noch bei keinem anderen Mann erlebt hatte, außer einem. Aber der war tot. David bedankte sich bei ihr mit der gleichen Behandlung, wie sie sie ihm hatte zukommen lassen, was unweigerlich zu unglaublich schönem Sex führte. Irgendwann in der Nacht nahmen Hannas Bauchschmerzen zu. Sie krümmte sich. David fing an, sich Sorgen zu machen. Der Flug war am nächsten Vormittag mit dem Privatjet der Band geplant. Er überlegte abzusagen. Hanna war das schon fast peinlich, so ein Aufstand wegen ihr, wo sonst kein Hund danach krähte, wie sie zurechtkam. Sie nahm eine Schmerztablette der stärkeren Sorte. „Das ist doch überhaupt kein Problem", meinte sie, „ich gehe heute zum Arzt und komme später mit einer regulären Maschine nach. Du fliegst, Ende, aus, basta!" Früh morgens rief David Lisa an und fragte, ob sie Hanna beistehen wollte. Aber selbstverständlich antwortete sie: „Ich komme sofort zu euch.“ Tatsächlich ging es Hanna etwas besser, oder riss sie sich nur zusammen? Lisa hatte außerdem eine Idee.

„Wenn du magst, komme ich doch nochmal auf Tour mit, dann hättest du Gesellschaft und mir tut's auch gut, mal rauszukommen.“ Hanna war hellauf begeistert und während Davids Hand ihr die Schenkel entlangstrich, um sie langsam, aber sicher verrückt zu machen, vereinbarte sie mit Lisa alles Weitere. Sie würde zum Arzt gehen, es war sicher nichts Schlimmes und dann übermorgen mit Lisa in die USA nachreisen. Es war einfach wunderbar, es hatte sich alles geregelt. Und David und Hanna setzten mit dem fort, was sie am liebsten taten, nämlich den anderen wunschlos glücklich zu machen. David spürte Hannas Zunge auf seinem Bauchnabel, mit der sie sich langsam abwärts arbeitete. Er stöhnte leise. „Kann man das jetzt jeden Morgen bestellen?“ Und Hanna meinte: „Mach doch die Probe aufs Exempel!“ Das Frühstück fiel hastig aus, Kaffee und Orangensaft, dann war schon das Taxi da. Sie umarmten sich und als David es nicht sein lassen konnte, seine Hand unter ihr T-Shirt gleiten zu lassen, wehrte Hanna ihn lachend ab. „Fortsetzung folgt übermorgen, also bitte gedulde dich so lange.“ Es waren ja tatsächlich nur zwei Tage, bis sie sich wiederhatten, und ihr Abenteuer begann. Hanna sah dem Taxi nach, bis es um die nächste Ecke verschwand. Lisa holte sie gegen 10:00 Uhr ab und Hanna brachte sie zu ihrem Hausarzt. Die Schmerzen waren wieder stärker geworden. Sie hatte das Gefühl, dass es sich nicht nur um Blähungen handelte. Sie versuchte, sich zu entspannen, doch ihr Gefühl gab ihr Recht. Nach einer kurzen Untersuchung verwies der Arzt Dr. Blair, ein älterer Herr mit angenehmer Erscheinung, sie sofort ins Krankenhaus. „Ich befürchte, es könnte der Blinddarm sein“, sagte er. Drei Stunden später pumpte man Hanna den Magen aus, damit sie die Narkose für die bevorstehende Operation besser vertragen würde. Alles in ihr bäumte sich gegen den Schlauch in ihrem Hals auf. Sie hatte das Gefühl zu ersticken. Sie wollte endlich diese verdammte Narkose, um nicht mehr denken und fühlen zu müssen. Der Anästhesist war jung und fand die Vene nicht. Er stach einmal, zweimal, dreimal. Es tat verdammt weh. Alles. Endlich erbarmte sich eine ältere Schwester und half ihm mit geübter Hand. Hanna zählte nicht einmal bis zehn, dann war sie weg. Gott sei Dank! Ungefähr eine Viertelstunde nach der Operation kam Hanna im Aufwachzimmer wieder zu sich. Sie musste sich sofort übergeben, obwohl sowieso nur Galle kam. Sie fühlte sich entsetzlich. Ein Arzt und zwei Schwestern standen an ihrem Bett. Der Arzt sagte etwas zu ihr, aber sie war zu fertig, um sich darauf zu konzentrieren, nur das Wort Appendix blieb hängen. Es war also der verdammte Blinddarm, der ihr das eingebrockt hatte. Sie hatte entsetzlichen Durst, die Kehle war wie ausgedörrt, und sie konnte nicht schlucken. Hanna versuchte, etwas zu sagen, aber sie konnte nicht. Noch nie hatte sie sich so hilflos gefühlt. David, dachte sie, David. Dann breitete der Schlaf seine gesegneten Flügel über sie. Als sie das nächste Mal zu sich kam, feuchtete ein junger Pfleger ihr die Lippen. Er war rührend und konnte sogar ein bisschen Deutsch. Typisch weiblich, dass sie sich fragte, wie sie im Moment wohl aussah. Wenn sie so aussah, wie sie sich fühlte, tat er ihr leid. Hanna erfuhr, dass man sie keine Stunde später hätte operieren dürfen, dann wäre der Blinddarm geplatzt. Der ganze erste Tag war ein Alptraum und sie hatte Schmerzen, an die sie sich später lieber nicht mehr erinnern wollte. Das Bett war furchtbar unbequem. Gegen Mittag kam Lisa mit ein paar persönlichen Sachen zu ihr. Sie erzählte, dass die Band wohlbehalten angekommen sei und wirklich aufrichtig bedauere, was in der Zwischenzeit passiert war. David würde sie anrufen, sobald sie ein Telefon an ihrem Bett angeschlossen hatten. Lisa erledigte das und versprach, bald wiederzukommen. Hanna war sowieso alles egal, sie schlief, bevor Lisa aus dem Zimmer war. Am Abend versuchte sie, ein wenig zu essen, aber ihr Hals war immer noch wie ausgedörrt und das Essen farblos und total geschmacksneutral. Sie ließ es stehen, trank aber viel. Obwohl sie sich entsetzlich nach David sehnte, war sie froh, dass er Tausende von Kilometern weg war. Sie hätte nicht gewollt, dass er sie so sah. So ein Häufchen Elend. Die

Schwester fragte, ob sie den Fernseher anmachen sollte, doch Hanna verneinte, die Zeitung schlug sie aber zerstreut auf. Auf den Unterhaltungsseiten ein Foto. Ihr stockte der Atem. Es war David bei der Ankunft am Flughafen. Mit seiner Frau in inniger Umarmung. Die Schlagzeile: „Ehepaar Mills wieder vereint". Warum landete sie immer in solchen komplizierten Situationen? Die Schwester machte sich ernsthafte Sorgen, als sie Hanna völlig aufgelöst und tränenüberströmt vorfand. Erst nach einer Beruhigungsspritze schlief sie erschöpft ein. Am nächsten Tag sah die Welt schon ein klein bisschen rosiger aus. Hanna konnte sich schon gekrümmt allein aufs Klo schleppen. Leider jedoch zu oft, da sie furchtbaren Durchfall bekam. Sie teilte Lisa ihre Entscheidung mit, nicht in die USA zu reisen, bat sie aber, Bob noch nichts zu sagen. David sollte es von ihr selbst erfahren. Lisa buchte ihren Flug zurück nach Schweden. Selbst wollte sie Bob nicht nachreisen, ohne Hanna hatte sie dazu keine Lust.

Am Nachmittag klingelte das Telefon. Hanna schreckte zusammen. Es war David. Natürlich machte er sich Sorgen, doch Hanna beruhigte ihn, dass sie so etwas doch nicht umhauen würde. Sie ließ sich nicht anmerken, dass es ganz anders um sie bestellt war. „Darling, I'm longing for you, hope you recover soon, so I can hold you in my arms again." Da sagte sie es ihm: „Ich kann nicht nachkommen." Pause. Scheiße, dachte sie, ich liege hier im Krankenhaus mit einem Herzen weitaus schmerzender als die Narbe. Endlich habe ich meinen Märchenprinzen gefunden und folge ihm trotzdem nicht. Was ist bloß los mit mir? Er machte eine kurze Pause, als würde er nachdenken. „Hanna, wenn es wegen meiner Frau ist, da kann ich nichts dafür. Sie war am Flughafen und hat sich mir um den Hals geworfen. Was sollte ich tun, sie wegstoßen?" Sein Ton war fast anklagend, als wäre das Ganze Hannas Schuld. „David, ich habe keine Lust auf ein Dreiecksdrama." Ihr fiel die Exfrau von Logan ein, die hatte immer wieder Zoff gemacht, sehr unangenehm. „Du kannst mich feige nennen, aber ich glaube, wir haben dem Schicksal ein paar Tage und Nächte gestohlen und mehr wäre im Moment zu viel verlangt." Diesmal eine längere Pause. „Hanna", sagte er, „you dont mean this, I will try to understand, you leave me no choice, do you! But don't forget that I love you. Don't you forget that!" Wie hätte sie das je vergessen können? Tränen strömten über ihr Gesicht. Sie war nun mal ein emotionaler Mensch. Im Moment hasste sie sich für diese Vernunft. Wer nach den Sternen griff, verbrannte sich die Finger.

Lisa und ihre Kinder brachten sie zum Flughafen und halfen ihr mit dem Gepäck. Sie durfte noch nichts Schweres heben. Überhaupt war sie noch ziemlich wackelig auf den Beinen und es war eigentlich noch zu früh für so eine Reise. Doch Hanna wollte nach Hause. Deshalb biss sie die Zähne zusammen und lächelte. Sie bedankte sich bei Lisa und umarmte sie. Dann war es so weit. Auf einmal war alles furchtbar schwer und ihr Herz drohte, in Stücke zu brechen. Steif und vorsichtig bewegte sie sich auf die Treppe zu, es war ein ziemlich kleines Flugzeug. Ein Mann im schicken Anzug drängelte und schubste sie dabei an. Ein stichartiger Schmerz durchfuhr sie. Hanna hasste Männer in schicken Anzügen. Diese Wichtigtuer, die glaubten, ohne sie drehe sich die Erde um die Sonne nicht. Hätte sie normalerweise vielleicht nicht reagiert, fauchte sie jetzt den Mann an: „Passen Sie doch auf, Sie kommen schon noch mit, auch ohne mich umzuschubsen." Der Wichtigtuer sperrte die Augen auf und murmelte ein unverständliches „'tschuldigung." Hanna hatte die ganze Zeit das Gefühl, ihr würde die Narbe platzen. Es war entsetzlich. Sie konnte kaum aufrecht gehen. Zum Glück wusste die Stewardess um ihren Zustand Bescheid. Gesegnet sei Lisa. Hanna bekam einen Fensterplatz und der Sitz neben ihr blieb frei. Gesegnet sei auch die Stewardess, denn sie kümmerte sich rührend um Hanna. Aber Gefühle ließen sich nun mal nicht abschalten und sooft sie auch ärgerlich die Tränen abwischte, sie rannen ihr immer wieder übers Gesicht. Da half auch kein Black Bush mehr. Als Anna sie am Flugplatz in Empfang nahm, war es mit ihrer Selbstbeherrschung zu Ende. Sie spürte, wie alle Kräfte sie verließen, und sank zusammen. Hanna war drei

Wochen krankgeschrieben, dann berappelte sie sich. David tourte gerade durch Südamerika. Hanna war dankbar für die Liebe, die sie erfahren hatte, doch gerade deswegen war sie ja auch der Meinung, dass jeder sich selbst treu bleiben musste. Sonst zerstörte man seine Einzigartigkeit. Hanna war fest davon überzeugt, dass der Herrgott alles zum Besten wenden würde. Das war bisher immer so in ihrem Leben gewesen, auch wenn man seine Wege manchmal nur schwer verstehen konnte und einem alles pechschwarz erschien, so wie jetzt. Aber ihr war klar geworden, dass sie und David keine Zukunft hatten.

Er verschwand nicht aus ihrem Kopf. So sehr sie auch versuchte, ihn zu vergessen, gelang es ihr nicht. Und manchmal verfluchte sie ihn deshalb. Bei der Nachuntersuchung der Blinddarm-OP ergab sich etwas anderes. Hanna war schwanger. Wie hatte das passieren können? Sie nahm doch die Pille. Sie fragte sich, wie David dazu stehen würde. Ein Zusammenleben würde sich schwierig gestalten, darüber machte sie sich keine Illusionen. Sie entschied sich für eine Abtreibung.

Hanna blieb allein mit ihren Gedanken und einsame Tage wurde zu einsamen Wochen und Monaten. Aufstehen, arbeiten, essen, fernsehen. Sie funktionierte und das war ja auch schon was wert. Und doch, ein unbestimmtes Gefühl rumorte in ihrem Kopf. Bloß nicht darüber nachdenken, was ihr fehlte. Denn wenn sie das tat, schnürte es ihr die Luft ab. Vielleicht hätte sie es David doch sagen sollen. Bestimmt hätte er ihr zur Seite gestanden.

Aber er gehörte nicht in ihre Welt und sie nicht in seine. Sie hätte ihn nie woanders als auf einer Bühne sehen wollen, dahin gehörte er, da brauchten ihn seine Fans, zu denen auch sie immer gehören würde. Aber sie ließ ihn los. Besser die schönen Erlebnisse bewahren, als sie gegen hässliche einzutauschen. Er war an ihr vorbeigeflogen wie ein Schmetterling im Sommerwind und seine Flügel hatten sich in ihre Haut gebrannt. Aber nun würde auch er für sie zu einer Erinnerung werden. Das

Ende erfuhr sie aus der Zeitung. Irgendein Schundblatt hatte ihn mit seiner neuen Verlobten abgelichtet. Sie war wunderschön, Mandelaugen, lange schwarze Haare. Er hatte sie auf der Südamerikatour kennengelernt. Der totale Gegensatz zu Hanna. Und sie war schwanger. Das traf Hanna sehr. Es war endgültig und tat furchtbar weh. Sie kaufte eine Flasche Wein und heulte den ganzen Abend. Am nächsten Morgen sah die Welt schon etwas besser aus, bis auf die Kopfschmerzen. Er war ihre Tränen nicht wert und sie würde sie nie wieder weinen.

Sie griff nicht mehr nach den Sternen. In den Wochen, die folgten, legte sich ein dunkler Schleier um sie. Trost suchte sie im Alkohol und bei anderen Männern, doch die nächtlichen Vergnügungen hinterließen nur bitteren Nachgeschmack. Vergessene Gesichter, bedeutungslose Namen. Heiopeis, Angeber, Schönlinge und Schmieris. Sie liefen ihr alle über den Weg, doch kein Einziger kam auch nur bis an den Frühstückstisch. Es waren Männer, die sie nicht liebten und die sie nicht liebte.

Kapitel 4

Hanna stürzte sich wieder in die Arbeit. Das war immer ihre Rettung. Sie arbeitete knallhart und ließ keine Überstunde aus. In dieser Zeit waren Frauen in der professionellen Branche noch immer rar. Man musste sich beweisen in der Männerwelt. Sie ging nicht mehr aus, dafür fehlte die Kraft und Zeit. Die Rückenschmerzen ignorierte sie fleißig und Gefühle auch. Ein Glas Wein nach dem Arbeitsspaß wurde zur Routine, dann nur noch schlafen. Wochen und Monate gingen ins Land. Neben ihrer Restaurantarbeit übersetzte sie auch für verschiedene Firmen, die Geschäftsverbindungen nach Deutschland hatten. Auf der Betriebsfeier eines großen Arzneimittelbetriebes traf sie Jonas. Er war einer der Chefetage. Die Tischordnung hatte sie nebeneinander platziert. Er war zehn Jahre älter als Hanna, aber unverheiratet. Das war schon mal positiv, oder? Ein Karrieremensch. Boss-Anzug (und Duft), korrekt, gebildet, gutaussehend und zuvorkommend. Ein Schwiegermutter Traum. Stahlblaue Augen. Sein Blick war durchdringend. Er war der totale Gegensatz zu den Männern, die sie bisher so kennengelernt hatte. Alles an ihm war aufeinander abgestimmt. Die Farbe der Weste passte perfekt zum Anzug und die hellblaue Seidenkrawatte spiegelte seine Augenfarbe wider. Sehr geschmackvoll. Normalerweise hätte Hanna die Nase gerümpft, aber etwas an ihm faszinierte sie. Sie wollte wissen, ob es hinter all dieser Korrektheit auch einen Menschen gab, ja vielleicht sogar einen Mann, mit allem, was dazugehörte. Obwohl sie es nicht zugeben wollte, verunsicherte er sie. Die Hälfte seines coolen Getues hätte auch gereicht. Aber dann stellte sie ihn sich morgens auf dem Klo vor, unausgeschlafen, ohne Anzug, ohne Boss-Duft, und sie musste herzlich lachen. Sie würde sich doch nicht von so einem feinen Pinkel ins Boxhorn jagen lassen. Und doch, sein Blick hatte etwas ... Er machte ihr sofort den Hof. Hanna war müde. Sie konnte nicht mehr. Jonas kümmerte sich um sie. Soll er doch meinetwegen, dachte sie. Lud sie zum Essen ein, kaufte ihr Blumen und Geschenke. Sie war es leid, sich in Probleme zu verlieben. Ein halbes Jahr nach der Betriebsfeier fragte Jonas Hanna, ob sie seine Frau werden wolle. Er tat es auf seinen Knien mit roten Rosen und einer Flasche Pommery. Sie sagte Ja. Ein Nein in dieser Situation hätte sie nie und nimmer zustande gebracht. Allein, dass ein Mann vor ihr auf Knien lag, noch dazu Jonas. Das war schon der absolute Hammer. Insgeheim hoffte sie, dass das Glück nun endlich bei ihr eingekehrt war. Ihre Familie war begeistert. Und seine Familie, die ganz zauberhaft war, war auch begeistert. Es war endlich einmal alles ganz so, wie es sein sollte. Bilderbuchglück. Hanna hatte immer von einer weißen, romantischen Hochzeit in der Kirche geträumt. Es war ihr Mädchentraum. Sie stürzte sich in die Vorbereitungen und genoss sie in vollen Zügen. Jonas war reizend und gar nicht kleinlich. Allein der Verlobungsring war ein Vermögen wert.

Sie würde einen ganz neuen Anfang machen und damit basta. Alles hinter sich lassen, alles! Am Hochzeitsmorgen goss es noch in Strömen, aber gegen Mittag kam die Sonne durch und bald war herrlichstes Hochzeitswetter. Hanna wurde von ihrem Vater in die Kirche geleitet. Sie sah aus wie eine Märchenprinzessin in dem Traum aus Tüll und Spitze. Wie gesagt, Jonas war nicht kleinlich. Sie hatte es in Göteborg gekauft. Französische Haute Couture. Das Kleid hätte zwar nicht zauberhafter sein können, aber sie hatte die ganze Zeit nur an Adrien gedacht. Hanna kämpfte mit sich selbst. Sie musste das endlich hinter sich lassen! Ihr Haar war kunstvoll mit Blumen hochgesteckt und ein langer Schleier vervollständigte ihre Erscheinung. Der Brautstrauß bestand aus Orangenblüten, Myrte, Stephanotisblüten und Rosen. Die Mütter weinten. Bei dem Gang zum Altar schoss ihr wieder Adrien durch den Kopf. Eine Sekunde war ihr, als stünde er da, in seiner schmucken weißen Uniform, wie eine Fata Morgana. Das hätte sie wirklich gewollt. Adrien war tot. Er würde nie am Altar stehen und auf sie warten. Tränen liefen ihr über das Gesicht. Es ging ihr sehr nahe. Reiß dich zusammen, mahnte sie sich, jetzt bloß nicht zusammenbrechen.

Zumindest heute nicht. Dann sah sie nur noch Jonas. Der Frack stand ihm ausgezeichnet. Es wird wunderbar werden, dachte sie, wir passen so gut zusammen. Adrien gehörte der Vergangenheit an und da sollte er verdammt noch mal auch bleiben. Die Zukunft gehörte ihr und Jonas. Sie würden eine gute Ehe führen. Die an die hundert geladenen Gäste hätten sich kein strahlenderes Brautpaar wünschen können. Hanna setzte durch, ihren Mädchennamen zu behalten. Sie wollte lieber weiter Sommer heißen statt Andersson. So hieß in Schweden nämlich fast jeder Zweite. Es passte Jonas und der Schwiegermutter nicht, aber Hanna zog es durch.

Die Feier saß den beiden Jungverheirateten noch in den Knochen, als sie im Flugzeug nach Dublin saßen. Sie würden auf der grünen Insel flittern. Hanna legte ihren Kopf an Jonas' Schulter. Er war genau so, wie sie sich einen Ehemann vorstellte. Ein Mann, der Geborgenheit und Sicherheit ausstrahlte. Mit dem man interessante Gespräche führen konnte, der Bildung hatte und einen nicht in peinliche Situationen versetzte. Der sie mit Respekt behandelte und wusste, dass eine Frau auch mal gerne Blumen bekam, ohne dass Geburtstag war. Jonas war auch ein ausgezeichneter Koch, Weinkenner und kunstinteressiert. Er und Hanna teilten die Leidenschaft für gutes Essen und für gute Weine. Da fehlte nichts. Ja, sie würden eine gute Ehe führen und das bis ans Ende ihrer Tage.

Irland hieß sie mit strahlendem Sonnenschein willkommen. Sie verbrachten die erste Nacht in Dublin, um dann ein Auto zu mieten und durchs Land zu fahren. Die Landschaft war atemberaubend schön. Alte Burgen und Schlossruinen versetzten sie in die Vergangenheit. Die Menschen strahlten Gemütlichkeit aus und waren sehr freundlich. Es war hier so ländlich einfach und ursprünglich. Die Pubs, meistens mit Livemusik, das gute Bier und die einfachen Herbergen machten den beiden ihren Flitterwochen unvergesslich. Sie kamen sich sehr nahe. Tauschten bis dahin verborgene Gedanken und Ängste aus. Hanna sah zum ersten Mal einen Jonas ohne perfektes Schneckenhaus. Ohne

Anzug und Krawatte. Ungestyled, wie Zigeuner, streiften sie durchs Land bis Kilkenny, wo das berühmte Bier gebraut wurde. Der Brauereibesuch war ein Muss. Danach waren sie beide total besoffen. Jonas gestand ihr, dass er seine erste Freundin geschwängert und danach zum Abtreiben überredet hatte. Er weinte wie ein Schlosshund. Ja, so waren sie nun einmal, die Männer. Die Reue kam immer zu spät. War es wirklich nur bei den Männern so? Hanna heulte auch. Aber sie sagte nicht warum. Die drei Wochen vergingen wie im Flug und dann war es Zeit für den Alltag einzukehren. Hanna kochte weiter im Restaurant und machte ihre Übersetzungen, obwohl Jonas fand, dass er jetzt eigentlich für sie sorgen sollte. Hanna fand das zwar nett, aber veraltet. Das fehlte gerade noch. Sich von einem Mann abhängig zu machen, das war nicht ihr Ding, auch wenn es sich um den eigenen Ehemann handelte. Das wäre noch das erste Mal gewesen. Sonst lief alles nach Plan. Hanna und Jonas zogen ins Eigenheim mit herrlichem Garten. Sie hatten zwei schöne Autos. Hanna schaffte sich eine komplett neue Garderobe an. Strikte Kostüme und Hosenanzüge, elegante Abendkleidung. Sie passte sich an. Sie war jetzt die Frau des Chefs. Nicht mehr die Braut des Präsis der Death Spiders in Kutte und Lederklamotten, nicht mehr das romantische Mädchen, das von einer Zukunft auf der französischen Insel träumte, und auch nicht mehr die junge Frau, deren erster Traum vom großen Glück wie Seifenblasen zerplatzt war. Nein, jetzt war sie die Frau des Chefs. Jung, charmant, elegant, wortgewandt und modern. Auf den Firmenfesten sprach sie aus, was sonst keiner gesagt hätte. Erfrischend keck war sie und Jonas' Kollegen, die seit 30 Jahren verheiratet waren, Bierbäuche hatten und sich welterfahren fühlten, wurden wieder jung und scharten sich um sie wie die Mücken ums Licht. Hanna genoss es, im Rampenlicht zu stehen, aber sie verlor nie den Boden unter den Füßen. Sie war ein Arbeiterkind und sie hatte ihr bisheriges Leben immer hart für ihren Unterhalt gearbeitet. Ihre Fingernägel hielt sie kurz und ihre Hände trugen Narben von Schnittverletzungen und Brandwunden, die sie sich in der hektischen Restaurantküche zugezogen hatte. Das vergaß sie nie und versetzte so manchem, der glaubte, was Besseres zu sein, eine charmant verpackte Ohrfeige. Jonas war stolz auf sie. Hanna war anders. Sie war immer sie selbst.

Sie machten exklusive Reisen, ans Mittelmeer, wo Hanna oft mit ihrem Vater gesegelt war, aber auch nach Südamerika und Kanada. Eine sorglose und schöne Zeit. Dann wurde Hanna schwanger. Sie war unendlich froh darüber. Sie hatte den perfekten Mann, ein tolles Haus, in dem nun bald auch Kinderlachen zu hören sein würde. Alle freuten sich mit ihr und Jonas. Bei einem Fahrradausflug bekam sie plötzlich schlimme Unterleibsschmerzen, fing an zu bluten. Sie war in der 14. Woche. Eine Fehlgeburt. Der Arzt war völlig unsensibel. Er sah aus, als hätte er im Schlachthof gearbeitet. Unrasiert und mit blutigem Kittel. Bei der Ultraschalluntersuchung blutete Hanna und hatte große Schmerzen. Das kümmerte ihn wenig. „Das ist schon länger tot", sagte er. Dass er das sagte, störte Hanna ungemein, es ging dabei um ihr Kind, das sie gerade verloren hatte. Sie war geschockt. Die Schwester kümmerte sich um sie. Hanna kam sofort zur Ausschabung in die OP. Als sie nach der Narkose aufwachte, weinte sie hemmungslos. Sie fühlte sich von Gott und der Welt verlassen. Jonas war am Boden zerstört, war jedoch am nächsten Tag schon wieder auf Geschäftsreise.

Hanna hatte wieder angefangen zu arbeiten. Sie wollte nicht darüber nachdenken, was passiert war oder warum es passiert war. Hatte sie zu schwer gehoben? Zu lange gearbeitet? Das Leben in einer Restaurantküche war kein Zuckerschlecken. Sie fing an, sich nach einer anderen Arbeit umzusehen. Mit weniger Stress und geregelten Arbeitszeiten. Sie stellte sich in einem privaten Kindergarten vor. Die Chemie stimmte sofort. Er wurde ihr Arbeitsplatz für viele Jahre. Die Kinder mochten sie und sie die Kinder. Hanna brachte ihnen Gerichte nahe, die sie, wie die Eltern versicherten, zu Hause nie essen würden. Spinat und Blutwurst, Fisch, Gemüse und fremde Speisen. Das lag allerdings größtenteils daran, wie sie es tat und diese servierte. Sie erzählte den Kindern jeden Tag eine kleine Anekdote zu dem Essen, was es war, woher der Name oder aus welchem Land es kam. Wenn ein Kind etwas nicht probieren wollte, sagte sie: „Das macht nichts, aber stell dir vor, es wird dein Lieblingsgericht.“ Fleischwurst stach sie zu Herzen und Blumen aus, die in eine leckere Tomatensoße kamen, dazu gab es Kartoffelpüree. Käse und Schinken wurden zu Rosen gerollt, Obst wurde zu Blumenstickern und eine Wienerwurst zu einem Tintenfisch, immer fiel ihr etwas Neues ein und die Kinder liebten es. Die Eltern waren natürlich auch zufrieden. Wenn ein Kind Geburtstag hatte, durfte es in die Küche kommen und sich ein Motiv für eine Eistorte wünschen, die Hanna dann verwirklichte. Die Fantasie kannte keine Grenzen.

Die Wehen setzten um 4:00 Uhr morgens ein. Hanna hatte sowieso kaum ein Auge zugemacht. Sie war so kugelrund, dass sie sich kaum noch bewegen konnte. Sie war in der 38. Woche, fast schon über die Zeit, und das war bei Zwillingen ungewöhnlich. Die Ärzte hatten geraten, die Wehen einzuleiten. Aber Hanna wollte nicht, sie hatte sich in den Kopf gesetzt, natürlich zu gebären. Sie hatte langsam das Gefühl, die Kinder würden nie kommen und sie müsse ewig mit diesem riesigen Bauch rumlaufen. Doch nun war es so weit, sie wusste es sofort, nun würde sie gebären. Leise stand sie auf. Sie wollte Jonas noch nicht wecken. Sie wanderte durch das stille Haus. Bald würde hier Kinderlachen ertönen. Ach, erst einmal wohl Kinderschreien. Aber das war ja auch egal. Hanna sehnte sich sehr nach den kleinen Wesen in ihrem Bauch. Am Kinderbettchen blieb sie lange stehen, glättete eine Falte und erzählte den Babys, wie schön ihr Papa alles hergerichtet hatte. Wie er tapeziert und geschreinert hatte. Ja, ja, der Papa konnte auch sowas. Überhaupt hatte sie den Kinderchen den besten Papa gefunden, den man sich denken konnte. Der Schmerz holte Hanna in die Wirklichkeit zurück. Dann dachte sie nicht mehr so viel. Sie hatte anderes zu tun. Hanna kämpfte 24 Stunden. Niemand hatte sie darauf vorbereitet. Auf alles wird man vorbereitet, dachte sie verärgert, nur nicht darauf, dass das sooo lange dauern kann. Sie hatte jedes Zeitgefühl verloren. Der Schmerz hielt ihren Körper eisern im Griff. Es gab kein Entkommen. Jonas wollte ihr helfen, doch nichts, was er versuchte, half ihr wirklich. Ständig lief er auf den Flur oder ins Raucherzimmer. Hanna hatte ihn noch nie so nervös gesehen. Er taugte nicht als Geburtshelfer, besser er blieb weg, dachte Hanna. Eine Stunde Presswehen. In dieser Stunde hätte sie ihre Seele verkauft, um dem Schmerz zu entrinnen. Ein ganzes Team stand bereit, falls es doch zum Kaiserschnitt kommen sollte. Ganz besonders tat sich ein junger Sanitäter hervor. Er hatte vorher gefragt, ob er bei der Geburt dabei sein durfte. Es war seine erste Geburt überhaupt und dazu noch Zwillinge. Er war rührend um sie besorgt, hielt ihre Hand, sprach ihr zu und weinte später mit ihr. Irgendwann war Feierabend, die Kräfte verließen sie und sie spürte, wie sie die Kontrolle über ihren Körper verlor. Ihre Beine waren wie Wackelpudding. Es war das Ende. Da wurde sie auf einmal ruhig und stöhnte: „Helft mir." Das Nächste, woran sie sich dann erinnerte, war ein Kind auf ihrem Bauch. Es wurde geboren, als sie aufgeben wollte. Rebecca! 15 Minuten später kam Adrien zur Welt. Sie hatte den Namen durchgesetzt, obwohl Jonas und ihre Schwiegermutter lieber einen aus der Ahnentafel gehabt hätten. Sie wunderte sich auch über sich selbst. Sie hatte Adrien also nicht vergessen. In höchster Not hatte sie seinen Namen auf den Lippen gehabt. Doch die Zeit hatte ihre Erinnerungen in die Ferne gerückt. Wie einen Traum, an den man manchmal dachte. Wie wäre ihr Leben mit ihm wohl verlaufen? Sie hätte es gerne gewusst. Sie küsste das Kind und flüsterte leise seinen Namen. Adrien! Ja, jetzt waren sie da, ihre Zwillinge. Es war ein unbeschreibliches Gefühl. Sie waren Mamas Traumkinder. Sie schliefen viel und waren ganz lieb. Das Baby ihrer Bettnachbarin schrie nur. Jonas kam mit einem riesigen Rosenstrauß und Teddys für die Zwillinge. Jetzt war der Traummann auch noch Traumvater. Ach, war das alles goldig. Bilderbuchfamilie. Die Gratulationen nahmen kein Ende. Am nächsten Tag schrien ihre kleinen Engel auch und Hannas Brüste schwollen schmerzend an. Sie hatte nur noch einen Gedanken: endlich ausschlafen! Doch damit war es nun endgültig vorbei. Jonas war ein liebevoller Vater, nur Zeit hatte er keine. Wie immer! Doch Hanna trug die Verantwortung gern.

Es dauerte Monate, bis Hanna die schönen Kostüme und Kleider endlich wegpackte. Sie passte nicht mehr rein. Sie hatte alles versucht, von Brigitte-Diät bis Bauch-weg-Gymnastik, von Dr.-Schlankwunder-Tabletten bis zur Körner-Kur, die den Hühnern wahrscheinlich gut geschmeckt hätte, ihr jedoch im Hals stecken blieb. Sicher, sie hatte ein wunderbares Leben. Sie durfte nicht klagen. Nicht undankbar sein. Sie war die glücklichste Ehefrau und glücklichste Mutter, die man sich denken konnte, doch der Frust saß tief. Hanna vermisste ihre Arbeitskameraden, ihre Arbeit, in der sie immer eine große Zufriedenheit verspürt hatte. Die Babys konnten ihr nicht sagen, wie gut sie die Windeln wechselte, und auch sonst sagte ihr niemand etwas. Sie war allein. Es gab kaum andere Mütter mit kleinen Kindern, da die meisten nach kurzer Zeit wieder berufstätig wurden. Jonas kam immer erst spätabends nach Hause. Dann wollte er seine Ruhe haben. Das Essen stand auf dem Tisch und Hanna las ihm jeden Wunsch von den Augen ab. Hätte sie doch bloß nicht. Hanna liebte ihre Kinder abgöttisch. Sie wurden ihr einziger Lebensinhalt und sie, die früher in den aktuellen Diskussionen mithalten konnte, wusste plötzlich kaum noch, welche Partei an der Macht war. Jonas verdiente das gute Geld, genauso, wie er es sich schon nach der Hochzeit gewünscht hatte. Einmal, als sie klagte, sagte er zu ihr: „Vergiss nicht, wie hart ich arbeite, um euch zu versorgen, während du hier im Wald rumrennst." (Sie ging jeden Tag mit den Kindern spazieren.) Da wurde Hanna klar, dass ihr das nicht zur Falle werden durfte. Sie hatte IHRE Karriere geopfert, obwohl Jonas Kochen nicht als karrierefähig ansah. Hanna hatte das Angebot bekommen, bei dem nationalen Kochwettbewerb mitzumachen. Eine große Ehre und ein Sprungbrett. Aber sie hätte das nie mit einem Mann wie Jonas an ihrer Seite geschafft. Er hatte keinen blassen Schimmer, was es hieß, Zwillinge zu versorgen, er sah die dunklen Ringe unter ihren Augen nicht. Er war nur karrieregeil!

Sicher rauften sie sich zusammen. Manchmal flog ein Teller in seine Richtung und manchmal eine Tasse in ihre. Aber im großen Ganzen hatten sie es gut zusammen. Jonas war ein Mann, mit dem sie leben konnte. Und vielleicht war es ja so, dass das mit der Leidenschaft im Alltag nicht funktionierte. Dass die schmutzigen Strümpfe auf dem Fußboden das zerstörten. Dass das passionierte Liebesleben nicht alltagstauglich war. (War es je passioniert gewesen?) Vielleicht war es wichtiger, sich gut zu verstehen. (Taten sie das?) Hanna entdeckte ihre Gartenleidenschaft und fing nach einem Jahr wieder an, einige Stunden zu arbeiten. Die Übersetzungen konnte sie zu Hause machen, wenn die Kinder schliefen. Hanna hatte in dieser Zeit genug zu tun, um alles zu verdrängen. Sie fand sich in ihre Rolle. Friede, Freude, Eierkuchen! Und noch ein neues Kuchenrezept.

Die Jahre kamen und gingen. Das erste Fältchen hatte sich zwischen ihre Augenbrauen geschmuggelt. Alles in ihrem Leben lief nach Plan. Es war Ruhe eingekehrt in ihr früher so rastloses Leben. Jonas war noch ein bisschen höher auf seiner Karriereleiter geklettert und jetzt fast immer unterwegs. Hanna richtete sich ihr Leben mit den Kindern ein, ohne dass diese ihren Vater besonders vermisst hätten. Sie fuhr allein mit ihnen nach Deutschland zu Oma und Opa. Die Kinder genossen die Gesellschaft der Familiengemeinschaft und Hanna konnte endlich einmal richtig abschalten. Sie war gerührt, wenn sie sah, welche Mühe sich alle gaben. Tanten und Onkels. Aber sie wusste auch, dass sie ihren Weg alleine gehen musste. Es war einfach so. Ihre Eltern halfen ihr, so sehr sie konnten, doch die Distanz zwischen ihnen lag nicht nur in der Wegstrecke. Hanna fühlte sich immer noch unverstanden, Theater machte sie deswegen keins mehr. Sie liebte ihre Familie und das war das Wichtigste. Nur Georg sah sie seltsam an, wenn er zu Besuch kam. Fast, als würde er sich ihrer schämen. Georg hatte studiert und arbeitete als Facharzt in München. Seine Verlobte war aus gutem Hause, ihr Vater sogar Landrat. Er brauchte die Hilfe der Eltern nicht. Und er interessierte sich überhaupt nicht dafür, wie es ihr ging oder was sie machte. Ihr Vater war stolz auf sie und wie sie ihr Leben im Ausland meisterte, noch dazu mit zwei kleinen Kindern.

Nach all den Jahren in der Fremde hatte Hanna so manches eingesehen. Vielleicht hatte sie damals den Menschen in dem kleinen Städtchen Unrecht getan. Jeder musste nach seiner Façon glücklich werden und nicht jeder konnte deshalb weglaufen, wie sie es getan hatte. Das allerdings hatte ihr wahrscheinlich das Leben gerettet. Jedes Mal, wenn sie zurückkehrte, begrüßten sie alle so herzlich, dass ihr fast die Tränen kamen. Schweden war das Traumland, dachten die Leute. Wenn sie erzählt hätte, dass auch das Schlaraffenland Schattenseiten hatte, hätte niemand zugehört. So etwas wollte man nicht hören. Man beneidete sie. Aber es war hier, im tiefsten Bayern, wo sie trotz alledem ihren Ursprung hatte. Doch es war komisch. Wenn sie hier war, sehnte sie sich nach Schweden und fand es da besser, und wenn sie dort war, fand sie alles in Deutschland besser. Sie hatte kein Zuhause mehr. Manchmal hatte sie das Gefühl, es lag irgendwo anders und sie hatte es nur noch nicht gefunden. Sie wanderte umher, als sei sie es nicht wirklich selbst, sondern nur eine Kopie ihrer selbst. Die wahre Hanna schlief irgendwo ihren Dornröschenschlaf. Wenn der Prinz nicht kam und sie wachküsste, würde sie ewig weiterschlafen. Und ihre Kopie würde weiter mit einem Lächeln auf den Lippen durchs Leben laufen und zufrieden sein. Nur ihr Herz würde das nicht spüren. Wie hätte sie ihrer Familie so etwas erklären sollen? Sie kannten ja nur die effektive Hanna, die ein wandelndes Rezeptbuch war und in jeder Lebenssituation einen Rat wusste. Gefühle dieser Art wurden als Undankbarkeit abgetan. Nein, das gehörte in eine andere Welt. Nur Sarah verstand sie da und manchmal träumten sie zusammen. Sarah suchte auch noch. Hanna verlor nie den Kontakt zu ihr. Sie war ihre beste Freundin und daran konnten weder die Jahre noch die Entfernung etwas ändern. Wahre Freunde hatte man im Leben nicht so viele. Es kam in letzter Zeit öfter vor, dass Hanna tief in Gedanken versunken umherlief. Jonas ließ sie so oft allein, dass sie sich fragte, ob sie etwas falsch mache. Er konnte Wochen weg sein und schien sie nicht einmal zu vermissen. Wenn er dann zurückkam, brachte er zwar ihr und den Kindern Geschenke mit, doch das konnte ihn ja nicht ersetzen. Hanna versuchte, ihm das klarzumachen, doch sie hatten verschiedene Definitionen ihrer Ehe. Jonas erklärte ihr, dass er das doch alles nur wegen der Familie mache. Aber Hanna wollte lieber Jonas zurück. „Geld ist nicht alles“, sagte sie, „die Kinder und ich brauchen dich.“ „Ihr habt mich doch auch“, erwiderte er, „aber, wenn ich nicht so arbeiten würde wie jetzt, müssten wir ganz schön Abstriche machen.“ Und Abstriche wollte zumindest Jonas nicht machen. Hanna und Jonas hatten sich zusammengerauft. Obwohl er sie mit seiner Gleichgültigkeit manchmal zur Weißglut brachte, lebten sie gut zusammen, das hieß, wenn er gerade einmal da war. Illusionen über Männer hatte sie schon lange nicht mehr. „Wenn ich mich im Leben auf Männer verlassen hätte“, pflegte sie zu sagen, „wäre ich heute eine gebrochene Frau und hätte gar nichts.“ Jonas wollte seine Freiräume, gut, sie ließ sie ihm. Sie hatte ihre Träume. Aber waren denn Träume alles, was ihr geblieben war?

Sie dachte an Île de Ré. Irgendwann musste sie hinfahren. Mit der Vergangenheit, die sie nicht ändern konnte, abschließen. Auch vermisste sie die Verwegenheit ihrer Jugend, als nichts unmöglich gewesen war und alle Träume nur darauf warteten, von ihr verwirklicht zu werden. Ihr waren immer die verrücktesten Sachen passiert. Einfach so! Gern erinnerte sie sich mit Sarah an die Geschichte mit den beiden Bobfahrern vom englischen Bob Team, die damals in Deutschland Rennen fuhren. Die hatten keine Frauen mit ins Hotel nehmen dürfen, hatten aber Hanna und Sarah des Nachts und mit Hilfe von Kameraden durch ein Fenster im zweiten Stock gehievt. Tatsächlich war John eine Zeit lang Sarahs Freund gewesen. Mit 18 machte man sich noch nicht so viele Gedanken. Nur das Happy End ließ immer auf sich warten.

Hanna hatte diese schlimme Grippe bekommen, die im Moment grassierte. Hals und Kopfschmerzen, Fieber und Schnupfen plagten sie so, dass sie nur noch im Bett liegen wollte. Doch Jonas war wieder mal auf Reisen. Hanna konnte sich beim besten Willen nicht erinnern, wohin er gefahren war. Hatte er ihr das überhaupt gesagt? Sie raffte sich auf und rief seine Sekretärin an. Das war eine nette, runde Frau in den Mittvierzigern und ihr Name war Hilda. Sie konnte Hanna weiterhelfen, Jonas war in Göteborg und wohnte im Grand Hotel. Bevor Hanna auflegte, sagte Hilda noch: „Du bist wirklich eine sehr tolerante Frau, Hanna." Und diese, an Jonas' viele Reisen denkend, reflektierte nicht weiter darüber. Als Jonas das Auto in der Auffahrt parkte, flogen ihm die Kinder entgegen. Für sie war der Papa heilig. Sie sahen ihn auch nicht so oft. Jonas sah müde aus. Der Mann arbeitete zu viel. Die Kinder erzählten ihm, dass es der Mama gar nicht gutging. Und Hannas rote Augen und Nase sprachen für sich. Jonas meinte daraufhin, dass er Medizin besorgen würde, und Hanna lehnte sich erschöpft zurück. Nun konnte sie sich endlich ausruhen. Jonas kam nach Hause und packte eine Packung Rennie aus. Hanna guckte verdutzt. „Ich habe doch kein Sodbrennen." Worauf er erstaunt erwiderte: „Nein, aber ich." An sie hatte er überhaupt nicht gedacht. Sie meinte, vor Wut nicht mehr atmen zu können. „Ich hatte mal einen lieben, netten Mann", fauchte sie, „aber der ist mir irgendwie abhandengekommen." Doch Jonas ließ das kalt. Er spielte weiter mit den Kindern, als ob nichts gewesen sei.

An ihrem 33. Geburtstag erging es ihr nicht anders. Als sie morgens aufwachte, kam nichts. Keine Gratulation, kein Geschenk, ja nicht einmal ein „Guten Morgen". Nein, sie war nicht verwöhnt, aber dass er sie so ganz vergaß, schmerzte sie dann doch. Jonas reagierte nicht einmal, als einer nach dem anderen anrief, um ihr zu gratulieren. Erst als seine Mutter nach dem Geburtstagskind fragte, merkte er, welcher Tag heute war. Doch noch immer keine Reaktion, keine Entschuldigung, nichts. Hanna sagte auch nichts, hätte sie, wäre sie in Tränen ausgebrochen, und das wollte sie nicht. Nachmittags fuhr Jonas weg. Als er wiederkam, knallte er ihr eine Plastiktüte vor die Nase und meinte: „Glückwunsch auch." Die Tulpenzwiebeln hätte sie ihm am liebsten um die Ohren gehauen. Früher hatte er ihr Blumen gebracht und heute gab's nur noch Zwiebeln. Wieder diese verdammte Nonchalance! Er hatte sie sehr verletzt. Das war nicht mehr der Mann, den sie einmal geheiratet hatte. Hanna schluchzte laut vor lauter Verzweiflung, aber Jonas tat sie nur wieder als hysterisch ab. Verdammt! Was war nur mit ihnen los? Hanna fühlte sich todunglücklich. Als die Kinder schliefen, lief sie zum See hinunter. Es war schon fast dunkel und der Nebel lag wie Watte auf dem Wasser. Es war totenstill. Hanna setzte sich ans Ufer und ließ ihren Tränen freien Lauf.

Sie dachte an Adrien. Was war damals passiert? Sie stellte sich diese Frage wohl zum tausendsten Mal. Sie vermisste ihn so und ihr Herz wurde mit den Jahren immer schwerer von der Last, die es mit sich herumtrug. In dieser Nacht träumte Hanna von ihm. Sie träumte, wie seine Wärme und Geborgenheit sie umschloss. Er liebte sie und damit waren alle Sorgen Vergangenheit. Er hielt sie ganz fest in seinen Armen und sie wusste, dass er sie nie wieder loslassen würde. Adrien schrie wie am Spieß und riss sie unbarmherzig aus dem Schlaf. Ein bisschen noch, dachte sie, zwei Minuten noch, bitte lass mich noch zwei Minuten in meinem Wunschtraum glücklich sein. Doch Adrien wollte seine Mutter jetzt. Sofort!

Die Wochen zogen sich wie Kaugummi dahin und langsam war Hanna sowieso alles egal. Zum Muttertag kam Jonas mit einem riesigen Rosenstrauß, er hatte es also doch nicht ganz verlernt, oder war es nur sein schlechtes Gewissen? Hanna jedenfalls konnte sich darüber nicht mehr freuen. Immer zu spät, dachte sie nur. Männern fällt immer alles zu spät ein und dann wundern sie sich, dass man ihnen die Füße nicht mehr küsst.

Ein paar Wochen später war Mittsommer. Dieses Fest wurde in Schweden so richtig schön gefeiert. Man aß Matjeshering mit saurer Sahne, Schnittlauch und neuen Kartoffeln. Bier und Schnaps flossen für gewöhnlich reichlich, da der Fisch ja schwimmen musste. Danach waren frische Erdbeeren mit Sahne obligatorisch. Man tanzte um den Maibaum, den jedes Dorf, jede Stadt aufstellte. Er wurde mit Blumen und Blättern umwunden, die die Dorfbewohner frühmorgens sammelten. Hanna fertigte Blumenkränze aus Wiesenblumen, die die Kinder später aufsetzten. Am Anfang hatte sie sich damit schwergetan, aber nun machte es ihr Spaß. Übung machte eben immer noch den Meister. Am Nachmittag hatten sie sich mit den Nachbarn zusammengesetzt. Als es Zeit war, zum Maibaum zu gehen, waren die Männer schon etwas wackelig auf den Beinen und hatten absolut keine Lust, noch irgendwo hinzugehen, geschweige denn um einen Baum zu tanzen. Aber Hanna und Annika machten sich mit den Kindern auf den Weg. War das ein buntes Treiben, aber den Kindern gefiel's und sie entdeckten sofort einige Freunde, zu denen sie sich gesellten. Hanna setzte sich so, dass sie Adrien im Auge behielt, er war ein ziemlich wilder Bursche. Er hatte einen eigenen Kopf. Sie unterhielt sich mit Annika. „Warum wissen Männer nicht, wie man einen Staubsauger bedient?“, stöhnte diese. „Tja, sie können eben nur welche bauen“, sagte Hanna, „von Bedienung ist da keine Rede. Sie müssen sich wichtigtun können.“ Über Männer herzuziehen, war ein schier unerschöpfliches Thema, aber umgekehrt war es ja genauso. Es musste daran liegen, dass Frauen und Männer verschiedene Sprachen sprachen. Ungefähr so, wie wenn sich ein Finne mit einem Chinesen unterhielt. Sie wandte sich einen Augenblick ab und genau in diesem Augenblick geschah es. Adrien war auf eine der Bänke geklettert und hatte das Gleichgewicht verloren. Er fiel rückwärts mit dem Kopf auf eine Tischkante und rollte dann unter den Tisch. Hanna war bei ihm, bevor er anfing zu schreien. Trotzdem kam ihr ein junger Mann zuvor. Er hob den Jungen in seine Arme und reichte ihn dann Hanna. Adrien blutete stark aus einer Wunde am Kopf. Hanna hielt das schreiende Kind. Jemand reichte ihr ein Taschentuch für die Wunde, das half jedoch nichts. „Das muss genäht werden“, meinte der Mann und bot sich hilfsbereit an, Hanna mit Adrien ins Krankenhaus zu fahren. Hanna dachte an das betrunkene Grinsen von Jonas und nahm dankend an. Annika würde Rebecca mit nach Hause nehmen und sich um sie kümmern.

Jemand reichte Hanna ein sauberes Handtuch, das sie behelfsmäßig um Adriens Kopf wickelte. Sie zitterte am ganzen Körper und hatte Angst, dass es schlimm sein könnte.

Hanna nahm mit Adrien im Arm auf dem Rücksitz des roten Sportwagens Platz. Sie fragte sich, wer er war. Der unbekannte Helfer in der Not. Blut sickerte durch das Handtuch. Der Mann sagte, dass es besser sei, einen Druckverband anzulegen. Er holte seinen Erste-Hilfe-Kasten und legte den Verband geschickt um Adriens Kopf, der laut protestierte. Doch dann schien ihm die Luft auszugehen und er kuschelte sich wimmernd in Hannas Arm. Auf der Fahrt ins Krankenhaus stellte sich der Fremde vor. Sein Name war Anton und er war bei Freunden im Dorf zu Besuch. Ja stimmt, Hanna hatte den flotten Wagen dort gesehen. Adrien, dachte Hanna, Adrien ...

Auf dem Flur der Notaufnahme herrschte reges Treiben. Anton dirigierte sie zu einem Sessel und meldete sie dann an der Rezeption an. Hanna wollte ihm das Geld, das er für die Gebühr bezahlt hatte, zurückgeben, doch er winkte ab. „Das ist nicht der Rede wert, außerdem ist zwar der Anlass traurig, aber man befindet sich nicht alle Tage in so charmanter Gesellschaft.“ Er lächelte sie an und Hanna bedankte sich murmelnd. Es tat gut, in solch einer Situation jemand so Nettes wie Anton um sich zu haben.

Sie mussten über eine halbe Stunde warten. Es war Mittsommer, bedeutete, in der Notaufnahme war die Hölle los. Adrien quengelte und hatte Durst. Anton ging Cola kaufen. Als er zurückkam, brachte er Adrien einen Spielzeugferrari mit. Adrien sah den Ferrari an und dann Anton und wieder den Ferrari. „Ist der mir?“, fragte er. Anton nickte. Hanna spürte, dass für Adrien mit dem Auto in der Hand alles nur noch halb so schlimm war. Diesmal lächelte sie Anton an. Beim Nähen ging es dann aber noch mal richtig rund. Adrien schrie und strampelte, so gut er konnte. Hanna wurde übel, als sie sah, wie tief die Wunde an Adriens Kopf war. Nach der Betäubung, die er bekommen hatte, wurde er immer ruhiger und als alles vorbei war, schlief er auf Antons Arm ein. Hanna und Anton unterhielten sich auf der Heimfahrt über Gott und die Welt, nur nicht über das, was sie eigentlich voneinander wissen wollten. Hanna erklärte ihm, wo sie wohnte, und er konnte sich ausrechnen, dass sie da nicht alleine wohnte. „Hilfst du mir, Adrien noch reinzutragen?“, fragte sie ihn. „Selbstverständlich.“ Das Haus war still, als sie es betraten. Anton trug Adrien in sein Bett. Hanna zog ihm die Schuhe aus und deckte ihn zu. Sie standen beide an seinem Bett und betrachteten ihn im Schlaf. Er war so süß mit seiner Stupsnase und den dunklen Locken, von denen nun die Hälfte abgeschnitten war. Armer kleiner Kerl, dachte Hanna. Sie wusste, dass sie ihm solche Dinge im Leben nicht ersparen konnte, und doch wünschte sie es sich. In einem Anflug von Schwäche lehnte sie sich an Anton, der sanft seine Arme um sie legte. Hanna liefen Tränen über die Wangen, aber sie schwieg. Was sollte sie denn auch sagen? Rebecca schlummerte friedlich in ihrem Bett und Hanna nahm an, dass sie das Annika zu verdanken hatte. Aus dem Wohnzimmer allerdings tönte lautes Schnarchen. Der Fernseher lief noch. Hanna machte ihn aus. Auf dem Teppichboden lag eine ausgelaufene Bierflasche und Jonas lag mit offenem Mund auf dem Sofa. Speichel rann ihm aus dem Mundwinkel. Der Schnapsgestank war einfach nur eklig. Hanna war heilfroh, dass er außer Gefecht war.

Anton saß auf den Treppenstufen zur Veranda. Sie teilten ein kaltes Bier und Hanna wusste, dass Anton sie auch ohne Worte verstand. Es war Mittsommernacht. Eine Nacht, der man früher magische Kräfte zumaß. Ganz still und ganz dicht beieinander saßen sie und sahen die Elfen über die Wiese tanzen. So erklärte Hanna den Kindern immer den Nebel, der vom See her hochkam, oder waren es vielleicht doch die Elfen? „Vielleicht haben wir nur verlernt, sie zu sehen“, meinte sie und war auf einmal überzeugt davon, dass es genauso war. Anton nahm ihr Gesicht in seine Hände und sah ihr in die Augen. Genau so, wie es schon einmal jemand immer getan hatte. Dann küsste er sie sanft. Hanna wand sich. „Ich kann das nicht, Anton, es hat nichts mit dir zu tun, versuch einfach, es zu verstehen!" Er nickte langsam und zog sie noch einmal kurz in seine Arme. „Du bist selbst so eine Elfe", sagte er. Dann ging er. Hanna sah ihm nach. „Anton!" Er wandte sich noch einmal zu ihr. „Danke, für alles." Sie hatte es nicht wegen Jonas nicht getan. Sie wollte nur nicht mit Anton schlafen und dabei an Adrien denken. Das tat sie sowieso schon viel zu oft. Sie hätte ihn dabei ausgenutzt und ihm womöglich wehgetan. Das hatte er nicht verdient. Sie sah ihn nie wieder.

Rebecca hatte sich verkleidet und kam mit einem riesig dicken Bauch in die Küche. „Na du", sagte Hanna, „hast du ein Baby im Bauch?" Worauf Rebecca erwiderte: „Nein, aber ein Kissen." Mütter konnten aber auch schon mal dumme Fragen stellen. Adriens Fäden waren gezogen und das Haar nachgewachsen. Die Kinder gediehen prächtig und waren Hannas Halt. Aber sie musste sich trotzdem irgendwann eingestehen, dass nichts mehr stimmte. Jonas und sie drifteten mehr und mehr auseinander. Sie hatten sich nichts mehr zu sagen und sie teilten außer den Kindern und der Tageszeitung nicht einmal mehr das Bett miteinander. Verzweifelt versuchte sie, ihre Ehe zu retten. Doch dazu gehörten immer zwei. Und Jonas reagierte nicht auf ihre Versuche, ein Gespräch zu führen. Er schwieg entweder oder ging. Hanna konnte toben, schreien, verzweifelt sein, weinen oder zur Abwechslung auch ruhig versuchen, ein Gespräch zu führen. Es half nichts. Es war, als hörten seine Ohren ihre Stimme nicht mehr. Hanna gab die ganze Zeit sich selbst die Schuld. Doch das hätte sie nicht tun brauchen.

Hanna arbeitete diesen Sommer in einem netten Strandrestaurant. Sie hatte sich durchgesetzt, als die Stelle offenstand. Es tat ihr gut, unter Menschen zu sein, eigenes Geld zu verdienen. Die Arbeit machte ihr riesigen Spaß und sie hatte sehr nette Arbeitskollegen. Das Team bestand aus dem Küchenchef, zwei Kaltmamsellen, einem Fleischkoch und Hanna als Fischkoch. Sie arbeiteten hart, waren aber schon nach kurzer Zeit ein gut eingespieltes Team und lachten viel. Besonders gut verstand sie sich mit Leo, dem Azubi. Er war erst süße 18 und besaß genau so viel Unschuld und Neugier, wie man sie in diesem Alter haben sollte. Er hatte hellblonde Locken, veilchenblaue, große Augen und eine muskulöse Gestalt. Hanna wusste, dass er ein absoluter Mädchenschwarm war. Sie zog ihn damit auf.

Andauernd rief ihn jemand an. Er war auf alle Partys eingeladen und erzählte Hanna dann morgens immer den neuesten Klatsch der Szene. Wer mit wem und so. Nur selbst hatte er keine feste Freundin. „Die sind mir alle zu albern", sagte er und zwinkerte ihr zu, „ja, wenn die so wie du wären!" Und Hanna konterte: „Dann wären die aber auch 15 Jahre älter als du." Wann ihr scherzhaftes Geplänkel ernster wurde, wussten sie beide nicht so genau. Aber Hanna merkte irgendwann, dass Leo ihr manchmal tiefer in die Augen sah, als es erlaubt war. Das ging natürlich gar nicht. An einem Freitagabend ging Hanna nach Dienstschluss mit Sussie noch ein Bier trinken. Die kleine Bar war gut besucht und die Leute standen in drei Reihen vor der Theke. „Mensch, hier ist ja kein Durchkommen", stöhnte Hanna, die sich nach einem kühlen Blonden sehnte. Sie reckte sich, schob und drückte, aber bis sie sich nach vorne durchgearbeitet hatte, standen ihr die Schweißperlen auf der Stirn. „Zwei grosse Bier, bitte!" „Darf ich die junge Dame vielleicht einladen?", hauchte ihr da jemand von hinten ins Ohr. Es war doch tatsächlich der schöne Leo. Und er meinte es ernst, mit dem Bier also.

Hanna bedankte sich bei ihm und fühlte seinen Blick im Nacken, als sie zu Sussie zurückkehrte. „Guck mal diskret da hinten an die Theke. Der sechste von rechts, mit dem blonden Wuschelkopf, das ist Leo." Sie hatte Sussie schon von Leo erzählt. „Sag mal, Hanna, verstößt du da nicht gegen das Gesetz, von wegen Verführung Minderjähriger und so ..." Sussie zog sie auf. Aber dass er wirklich ein Augenschmaus war, musste sie zugeben. Er sah immer wieder zu ihr hin. Hanna fühlte sich geschmeichelt, aber es war nicht gut. Ganz und gar nicht. Nachdem die beiden Frauen das Bier getrunken hatten, meinte Hanna: „Komm, wir gehen noch woanders hin, vielleicht ins Grape." Sie wusste, dass da die Altersgrenze bei 25 lag. Leo käme da niemals rein. Als sie sich dem Ausgang zuschoben, war Leo plötzlich neben ihr. Ganz nahe. „Wohin so eilig, meine Ladys?" Er strahlte sie an, seine Zähne waren blendend weiß. „Tja, Leo", meinte Hanna, „wir werden wohl noch einen Abstecher ins Grape machen, aber da kommst du ja leider noch nicht rein, nicht wahr? Bis morgen also." „Bis nachher", flüsterte er, als er ihr nachsah. Sie hatte etwas, das ihn fesselte. Er konnte es sich selbst nicht erklären, aber sie war alles, was er im Moment vom Leben verlangte. Eine reife, gestandene Frau!

Hanna verschluckte sich fürchterlich, als Leo ihr eine halbe Stunde später im Grape ins Ohr flüsterte: „Noch ein Bier oder lieber einen Drink, junge Dame?" Und noch einen Drink später lud er sie ins Kino ein. Hanna sagte spontan Ja, sie war seit Jahren nicht im Kino gewesen. „Hast du dir das auch gut überlegt?", sagte sie. „Wenn deine Freunde uns sehen, denken sie, du bist mit deiner Tante unterwegs." „Na, das lass mal meine Sorge sein." Hanna waren nämlich die 15 Jahre Altersunterschied bewusster als ihm. Leo hatte sich in Hanna verliebt und es tat ihm leid, dass sie so von ihrem Mann vernachlässigt wurde. Das hatte sie nicht verdient. Er wollte sie lachen sehen. Sie lachte so schön. Hanna zog an diesem Abend ein romantisches Sommerkleid mit Rosenmuster auf dunkelblauem Grund an. Es war ziemlich tief ausgeschnitten. Die Kinder waren heute bei der Oma, da Jonas verreist war. Und diese meinte zu ihr: „Nun amüsiere dich mal schön, mein Kind, du arbeitest ja sonst immer so hart." „Ja", sagte Hanna, aber dass ihre Gesellschaft ein 18-jähriger Sonnyboy war, verschwieg sie lieber. Ihr war beschwingt zumute. Es lag Sommer in der Luft. Leo hatte sie heute während der Arbeit fast die ganze Zeit angesehen, so dass sie ihn zum Schluss hart in die Seite geboxt hatte. Er ließ die Hummersoße überkochen, die Hanna in Eile vom Herd zog. „Immer mit der Ruhe, junger Mann", lachte sie, „man könnte ja glauben, du hättest noch was vor heute Abend." Sie war diejenige, die den Überblick behielt. Obwohl sie sich natürlich geschmeichelt fühlte, verstand sie nicht, warum er gerade sie einlud. Aber er hatte es getan und sie beschloss, das einfach nur zu genießen. Sobald sie Feierabend hatten, schlenderten sie in Richtung Stadt. Es war nichts Komisches dabei und Hanna ertappte sich bei dem Gedanken, wie anders die Jugend heute sei. So ein Quatsch, es waren doch nur 15 Jahre. Außerdem war ihre eigene Jugend nicht gerade normal gewesen. Sie hatte sie an einen neurotischen Rocker verheizt. Leo flüsterte gerade, als sie an einem Straßencafé vorbeikamen: „Du bist ganz hinreißend, weißt du das?“ Hanna kicherte und entdeckte im selben Moment einen Kollegen von Jonas, der mit seiner Frau an einem Tisch saß. Er starrte sie mit offenem Mund an. „Hallo, hallo, schöner Abend, was?“, trällerte Hanna unbekümmert. Die Röte, die ihr ins Gesicht schoss, sah er Gott sei Dank nicht mehr. Wahrscheinlich war ihm die Situation so absurd vorgekommen, dass er meinte, sie sei eine Fata Morgana. An der Kasse kaufte Leo die Karten, Getränke und eine Tüte Popcorn. Und während Hanna sich bediente, fühlte sie sich mit einem Mal nicht mehr älter als er. Sie war mit 18 nicht im Kino gewesen. Mit 18 war sie auf Bikertreffen gefahren. Hatte Schläge statt Liebe kassiert. Doch warum das Ganze jetzt nicht nachholen? Hanna kuschelte sich tiefer in den Sessel und Leo streichelte ihre Hand. Er war so rührend um sie bemüht. Wirklich ganz süß. Als das Licht ausging und die Reklame anfing, kam noch ein verspätetes Pärchen in den Saal. Der Platzanweiser leuchtete sie in eine der vorderen Reihen. Der Lichtstrahl der Taschenlampe streifte das Gesicht des Mannes. Hanna meinte, nicht mehr atmen zu können. Der Mann war Jonas. Der sollte doch eigentlich auf Geschäftsreise sein. Und die dazugehörige Frau hatte Hanna noch nie gesehen. Sie sah gut aus. Leo hatte gemerkt, wie sie sich versteifte und sah sie fragend an. „Siehst du das Pärchen, das da eben noch gekommen ist? Der männliche Teil davon ist mein Angetrauter.“

Leo hob eine Augenbraue hoch und meinte: „Na, dann brauchst du wenigstens kein schlechtes Gewissen zu haben. Möchtest du gehen?“ „Ja.“ Sie gingen auf ein Bier in eine kleine Bar. Hanna war ziemlich geschockt und der Abend war hin. Bald schon bat sie Leo, sie zu entschuldigen, und brach auf. Leo wollte sie noch zum Bus begleiten. Draußen hatte es angefangen zu regnen. So ein lauer, warmer Sommerregen, durch den man gerne ging. Innerhalb kurzer Zeit waren sie klatschnass, aber das machte ihnen nichts aus. An der Bushaltestelle zog Leo sie an sich und küsste sie. Der Kuss war herrlich und Hanna wusste, was er meinte. Sie sah ihn nur an. Welcher Film ist das hier eigentlich? dachte sie. Das passiert doch alles gar nicht wirklich. Der Bus kam und Leo flüsterte ihr ins Ohr: „Wenn du jemanden zum Reden brauchst oder auch zum Nicht-Reden, weißt du ja, wo ich wohne.“ Hanna saß fünf Stunden am Küchentisch und wartete auf Jonas. Sie musste mit ihm reden. Klarheit schaffen. Das hatte sich nun erledigt, er war nicht gekommen. Hanna weinte. Sie trank einen Black Bush und dann noch einen.

Es wurde schon wieder hell, als Leo die Tür öffnete. Er war nur mit einer Boxershorts bekleidet und zog sie ohne Umschweife in sein warmes Bett. Er wusste genau, was sie brauchte. Bon Jovi tat sein Übriges.

Jonas gab alles zu. Hanna hätte es nicht für möglich gehalten. Nicht in tausend Jahren! Sie hätte es Jonas niemals zugetraut. Doch es war wahr und Hanna hatte es klassischerweise als Letzte erfahren. Nun ergab auch der Kommentar seiner Sekretärin zu ihrer Toleranz Sinn. Alle dachten, dass sie es wusste. Der hübschen Stewardess, die ihn immer auf den Inlandflügen betreute, hatte er nicht widerstehen können. Und das schon seit über einem Jahr. Das Schwein! Und sie war nicht die Erste gewesen. Sie war froh, dass Leo sie an jenem Abend aufgefangen hatte, aber sie hatte sich trotzdem noch nie so hilflos gefühlt und so gekränkt. Von einem Tag auf den anderen lagen ihr Leben, ihre ganze Zukunft und das Leben ihrer Kinder in Scherben. Denn er war nie am Vatersein interessiert gewesen. Die Windeln hatte sie gewechselt und das waren viele. Sie war am Ende. Als die Wahrheit ans Licht kam, zog Jonas sofort aus. Und Hanna war gestrandet. Wie ein Wal auf trockenem

Land fühlte sie sich. Doch diesmal ging es nicht nur um sie, sondern in erster Hand um die Kinder. Für die Kinder musste sie stark sein. Und um der Kinder willen gab es keine Szene. Es gab eine saubere und schnelle Scheidung, bei der Hanna Jonas das halbe Sorgerecht zugestand. Er war trotz allem ihr Vater. Unterhalt bekam sie nur für die Kinder, nicht für sich. Das war in Schweden nicht üblich und Hanna war es gewohnt, alleine zurechtzukommen. Aber am Abend, wenn die Kinder schliefen, kam die Black-Bush-Flasche ans Licht und so manches Mal weinte sie sich in den Schlaf. Sie beschloss, der Liebe nie wieder eine Chance zu geben. Sollte sie doch bleiben, wo der Pfeffer wächst.

Sie setzte sie sich in den Kopf, das Haus auch ohne Jonas' Hilfe zu halten, mit anderen Worten war sie jetzt alleinerziehende Mutter zweier Kinder samt riesigem Schuldenberg, ohne Kindergartenplatz und in einem fremden Land. Schweden war nicht das ultimative Traumland. Es hatte sich geändert. Die goldenen Achtziger hatten sich in die schlimmen Neunziger verwandelt. Auf einmal war der sonnige Sozialstaat am Ende und musste sparen. Die meisten Menschen im Umfeld rieten ihr, das Haus zu verkaufen, doch ihre Antwort darauf war immer die gleiche: „Wenn der Gerichtsvollzieher mich persönlich rausgetragen hat, gebe ich auf. Vorher nicht. Es ist mein Zuhause und das meiner Kinder und ich werde es nicht freiwillig verlassen, Punkt und Schluss." Von Jonas bekam sie Unterhalt für die Kinder und sonst keinen Pfennig mehr. „Wie ist das denn möglich?", hinterfragte ihre Mutter. „Schweden", antwortete Hanna. Es war auch ihr Stolz, alleine klarzukommen, der sich als ziemlich dumm erwies. Hanna ging zum Chinesen und kaufte einen Sack Reis, der fünf Jahre reichen würde. Und das war auch bitter nötig. Ihre Eltern ließen sie nicht im Stich und schickten Pakete. Jedes Carepaket, wie Hanna sie nannte, machte den Tag zum Fest. Wie im Krieg, dachte sie. Ansonsten war der Tagesablauf immer der gleiche. Um halb sechs aufstehen, sich fertigmachen, die Kinder meistens noch halbschlafend ins Auto bringen, zur Tagesmutter fahren, dann zur Arbeit, die sie Gott sei Dank an der Volkshochschule bekommen hatte. Sie unterrichtete Deutsch und arbeitete an einem Projekt für Sprachunterrichtsentwicklung. Das lag ihr, forderte aber auch ihre volle Konzentration. Um 17:00 Uhr dann die Kinder abholen, schnell was kochen, eine Maschine Wäsche starten, alles für den nächsten Tag fertigmachen, die Kinder ins Bett bringen, ihnen noch etwas vorlesen, wobei sie nicht selten bei der zweiten Seite einschlief. Dann zwei starke Tassen Kaffee und an den Computer, um noch eine Übersetzung zu machen. Tag ein, Tag aus.

An einem dieser Abende klingelte das Telefon, es war schon 22:00 Uhr. Wer ruft denn so spät noch an? fragte sie sich. Es war Sarah. „Tut mir leid, dass ich dich so spät noch störe, aber ich dachte, du wolltest wissen, was passiert ist." Hanna überkam ein mulmiges Gefühl. „Was denn?", fragte sie erschrocken. „Hanna, Logan ist mit dem Motorrad verunglückt. Er ist auf gerader Strecke und bei trockenem Wetter gegen einen Baum geknallt. Er war sofort tot. Man redet von Selbstmord." Sarah machte eine Pause. Hanna schluckte. Logan war, nachdem sie weg war, noch einmal Vater geworden. Das Kind konnte kaum drei Jahre alt sein, wie traurig. Ausgerechnet mit der Schwester von einer von Hannas Freundinnen. Hoffentlich hatte er sie besser behandelt als Hanna damals, aber sicher war sie sich da nicht. „Ich schicke dir die Todesanzeige, gute Nacht, meine Liebe." „Ja, mach das", antwortete Hanna und legte auf. Komischerweise dachte sie an die tolle Harley, die ja nun auch dahin war. Und in der auch ihr Geld steckte. Sie lag lange wach. Damit war das Kapitel Logan endgültig Geschichte.

Obwohl sie an allen Ecken sparte, sich nichts, aber auch gar nichts mehr leistete, keine Zeitung, keine Vergnügungen, keine Kleidung, ja nicht einmal mehr eine gute Mahlzeit, blieb nie auch nur ein Pfennig über. Es ging immer geradeso rund und Hanna war damit zufrieden. Das war es, was sie allen zeigen wollte. Dass sie es allein schaffen konnte. Ohne Jonas. Der sich nur wundern konnte und nicht verstand, wie sie das alles machte. Nun, sollte er sich wundern. Sie brauchte eben keinen Boss-Anzug zum Glücklichsein. Nach außen hin zeigte Hanna niemandem, wie es um sie bestellt war. Die Tränen und die Zweifel waren ganz allein ihre. Sie gewöhnte sich an die Armut. Aber nicht an das schlechte Gewissen den Kindern gegenüber, damit kam sie nicht gut zurecht. Sicher waren diese auch mit Würstchen anstelle von Rinderfilet zufrieden und sie gingen genauso gerne im Wald spazieren wie in den Vergnügungspark, aber Hanna wusste natürlich, dass es nicht immer so bleiben würde. Sie würden größer werden und damit auch ihre Ansprüche. Doch der Tag, die Sorge waren noch weit entfernt, heute musste sie erst mal zusehen, sie wieder satt zu machen. Die Brigitte-Diät war jetzt kein Thema mehr. Adrien! Warum dachte sie immer wieder an ihn. Damit musste sie wirklich aufhören! Wie konnte sie sich einbilden, dass sie mit ihm glücklich geworden wäre. Die Zeit, die vergangen war, hatte ihn in die Ferne rücken lassen. Ein schöner Traum nur noch! Wäsche waschen, kochen, Rechnungen bezahlen (wie immer hinten gegen), putzen, Kinder versorgen, Geschichte vorlesen, Montagmorgen aufstehen, Kinder wecken, Frühstück machen, die von dem Kleinen liebevoll verstreuten Cornflakes wieder auffegen, leise fluchend, alle kämmend, anziehen, zur Schule, zur Arbeit fahren, puh! Der Tag fing an! Dann Feierabend, noch zur Bank, im Radio auf dem Weg nach Hause Liebeslieder die ihr unter die Haut gingen, Tränen abwischen, Kinder abholen, kochen, dann ans Fernsehen. Moment mal, sie hatte ja die Post vergessen. Es regnete. Hanna war unendlich müde. Wieder Rechnungen, eine Mahnung natürlich. Die Zinsen schossen in die Höhe und letztendlich musste Hanna die Fahne streichen. Das Haus wurde ohne Gewinn verkauft. Gott sei Dank fand sie aber ein nettes Reihenhaus, das als Eigentumswohnung am Stadtrand von Halmstad zum Verkauf stand. Trotz ihrer guten Stelle bekam sie den Kredit nicht. Die Frau auf der Bank hieß Anne-Marie. Sie sah aus, als hätte sie Stacheldraht zum Frühstück gegessen. Saß mit zusammengebissenem Gesicht da und sagte einfach so Nein. Obwohl Hanna gerade so den Kredit für das alte Haus gelöst hatte. Ihre Kinder kosteten dieses und jenes. Da hätte sie kein Geld mehr zum Abbezahlen. Hanna schoss die Röte ins Gesicht. „Diese Ziffern entsprechen nicht der Wirklichkeit", konterte sie. „Ich kaufe Kleidung second hand und bin sparsam." „So werden die Kosten aber berechnet", sagte Anne-Marie und blieb bei dem Nein. Hanna fing an zu zittern. Sie fühlte sich gedemütigt und als alleinstehende Mutter diskriminiert. Jonas hatte in der Woche davor hier einen bedeutend höheren Kredit bekommen. Ob sie ihm da auch die Kosten der Schneeoveralls vorgerechnet hatten. Wohl kaum. Schließlich hatte auch er zwei Kinder! Sie stand auf und sagte Anne-Marie die Meinung. Bestimmt hatte die alte Schachtel selber keine Kinder, jedenfalls konnte man das hoffen. „Seit zehn Jahren habe ich hier den Kredit für das Haus abbezahlt, ohne auch nur einen Tag Verspätung. Und das war ein Kredit von 900.000, jetzt brauche ich nur 65.000 und bekomme sie nicht. Das ist wohl ein Scherz. Hier war ich die längste Zeit Kundin."

Wutentbrannt verließ sie die Bank und ging über den Marktplatz geradewegs zu einer anderen Bank. Eine halbe Stunde später hatte sie den Kredit und konnte das Haus kaufen. Sie war froh, nicht aufgegeben zu haben. Die neuen Nachbarn waren nett und es gab Kinder im selben Alter wie Rebecca und Adrien, mit denen sie spielen konnten. Besonders mit einem Nachbarn freundete sie sich schnell an. Sigurd war Rentner, er redete nicht viel, aber er war ein richtiger Heimwerker und bot sich an, ihr bei kleinen Reparaturen zu helfen sowie bei anderen praktischen Sachen. Sie kochte ab und zu für ihn. Sein absolutes Lieblingsgericht waren Hannas würzige Fleischbällchen mit Kartoffelpüree, Erbsen und Preiselbeeren. „Da kann man sich reinlegen und mit den Ohren Schaum schlagen", sagte er dann immer. Ein anderes Gericht war der Sauerkrautauflauf, der auch ein Favorit der Kinder war. Ein herrliches Gratin mit gepökelter Haxe, Sauerkraut à la Mama und Kartoffeldecke mit Senf und Crème fraîche! Hanna machte immer das Doppelte davon und es war trotzdem ratzfatz alle. Die andere Nachbarin, Agnes, eine ältere Witwe, fragte sie nach Sigurd aus. Sie war eine richtige Klatschtante. Aber Hanna konnte ihr da nicht weiterhelfen. Sie war kein neugieriger Mensch und Sigurd hatte nichts von seinem Leben erzählt. Agnes wusste schon genug, fand Hanna. Sie badete regelrecht in ihrem Wissen, dass Sigurd noch verheiratet war. Die Frau wohnte in Malmö. Sie trank und hatte ihn geschlagen, irgendwann hatte es ihm wohl gereicht. Man erzählte sich, dass er sie immer noch finanziell unterhielt, obwohl er seit über zehn Jahren hier alleine wohnte. Agnes fand ihn griesgrämig und barsch. Hanna dachte sich ihren Teil dazu. Er wollte Agnes bestimmt nur auf Abstand halten. Sigurd hatte einen roten Kater, der Al Capone hieß, das machte ihn auf jeden Fall sympathisch. Al Capone freundete sich mit Hannas Katzendame Lilly an. Manchmal konnte man sie zusammen durch die Gegend spazieren sehen. Wie lustig! Was sie sich wohl zu erzählen hatten?

An Heiligabend hatte Jonas die Kinder und Hanna fragte Sigurd, ob er Lust hatte, mit ihr zum Gottesdienst zu gehen. „Ich bin nicht religiös“, antwortete er. „Ich glaube an gar nichts.“ Aber Hanna kannte den Pfarrer und wusste, dass er sehr persönliche Predigen hielt, die für jeden, egal ob gläubig oder nicht, geeignet waren. So überredete sie Sigurd mitzukommen. Die Kirche lag nicht weit. Die Stimmung war fröhlich und ganz anders, als Sigurd es erwartet hatte. Ein Solist sang ganz wunderbar und eine Saxofonistin spielte mehrere Lieder, unter anderem ein schwungvolles Stück mit Jazzhintergund, das Sigurd bekannt war. „Die ist aber sehr begabt.“ Er war beeindruckt. Hanna nickte. „Ja, das ist sie wirklich. Rebecca hat sie als Musiklehrerin in der Schule.“ Der Pfarrer sprach von Vergebung, nicht nur anderen gegenüber, sondern auch sich selbst. „Kommt her zu mir alle, die ihr mühselig und beladen seid, so will ich Euch erquicken.“ (Matthäus 11,28) Die Schuld, die man vielleicht mit sich trug, konnte vergeben werden. Hanna sah, dass Sigurd sich Tränen aus den Augen wischte. Sie war froh, dass er mitgekommen war. Als der Gottesdienst zu Ende war, umarmte der Pfarrer Hanna und sie stellte ihm Sigurd vor. „Mein neuer Nachbar.“ „Wie schön dich zu treffen, Sigurd, frohe Weihnachten“, sagte er. Als sie aus der Kirche kamen, rieselten dicke Schneeflocken vom Himmel. „Oh wie herrlich, genau so muss es an Weihnachten sein“, rief Hanna und drehte sich im Kreis. „Das bedeutet unnötige Arbeit, Schneeschippen“, murmelte Sigurd „und es wird glatt auf der Straße.“ Er sah ziemlich zusammengebissen aus. Trotzdem lud sie Sigurd auf einen Glühwein und Kuchen ein. Es wurde langsam dunkel und Hanna machte Feuer im Kamin. Nach dem zweiten Glühwein taute Sigurd auf und fing an zu erzählen. Er und seine Frau Lena hatten es schwer gehabt, Kinder zu bekommen. Als sie nach zehn Jahren fast aufgegeben hatten, wurde sie doch noch schwanger. Es wurde ein Junge, Johan, den sie beide abgöttisch liebten. Es war eine glückliche Zeit. Als Johan sechs Jahre alt war, verlor Lena ihre Arbeit. Die Fabrik, in der sie Teilzeit gearbeitet hatte, rentierte sich nicht mehr wie früher und musste Mitarbeiter entlassen. Am Anfang merkte Sigurd nicht, dass Lena immer schwermütiger wurde. Als er eines Abends nach Hause kam, schlief sie auf dem Sofa und Johan saß am Fernseher. Er wollte ihr eine Decke überlegen, als er den Schnapsgeruch merkte. Es traf ihn wie einen Schlag und fiel ihm wie Schuppen von den Augen. Er hatte es nicht wahrhaben wollen, es nicht sehen wollen. Er sah sich um, überall lagen Sachen, die Spüle war voll mit schmutzigem Geschirr, es war nichts gekocht. Er fing an aufzuräumen, machte Abendessen für Johan und brachte ihn zu Bett. Lena schlief. Als er sie am nächsten Morgen, es war Samstag, zur Rede stellen wollte, flippte sie sofort völlig aus, schrie ungereimtes Zeug und fing an, um sich zu schlagen. Gott sei Dank war Johan bei einem Freund. Sigurd hielt sie fest. So ging es weiter und wurde mit der Zeit immer schlimmer. Je mehr sie trank, desto mehr rastete sie auch aus und schlug ihn. Er hatte nie zurückgeschlagen. Johan hatte Angst vor seiner Mutter. Es war eine schlimme Zeit. Sigurd hatte an jenem Unglückstag Überstunden gemacht. Das bereute er den Rest seines Lebens. Hätte, wenn und aber. Die Polizei klopfte an der Tür zu seinem Büro. Es hatte einen Unfall gegeben. Lena hatte Johan von der Schule abgeholt. Warum auch immer, er kam sonst mit dem Bus nach Hause. Sie war in einer Kurve von der Fahrbahn abgekommen und eine Böschung hinuntergeschlittert. Dabei hatte der Wagen sich überschlagen. Sie war nur leicht verletzt, Johan hatte es schlimmer erwischt. Er war nicht einmal angeschnallt gewesen. Sigurd konnte sich nur noch an Fragmente erinnern. Die Panik, die er spürte, das bekümmerte Gesicht der Krankenschwester, die Schläuche, Johan so bleich, die Augen geschlossen. Wie lange er bei ihm gesessen hatte, wusste er nicht, die Kinderhand in der seinen. Er nickte ein und hatte von Johan geträumt.

„Es wird alles gut, Papa“, hatte er gesagt und gelächelt. Das wurde es nicht. Er starb in dieser Nacht an inneren Blutungen. Zehn Jahre alt. Die Zeit danach ins Dunkel gehüllt. Lena hatte 1,5 Promille im Blut gehabt. Sie wurde zu Bußgeld verurteilt. Die Ehe war damit auch endgültig am Ende. Hanna rollten Tränen über das Gesicht. „Wie furchtbar, Sigurd, das tut mir wirklich alles sehr leid.“ Sie holte ihnen beiden ein Glas Wein und Wasser. Das konnten sie gebrauchen. „Und heute?“, fragte sie. „Lena ist völlig abgestürzt“, antwortete er. „Sie vegetiert in einer Messi-Wohnung, die ich bezahle, und trinkt.“ Sie hatten keinen Kontakt. Kein Wunder, dass ihn die Predigt heute berührt hatte. Es war eine unendlich traurige Geschichte.

Hanna lag lang wach. Sie war nun wieder frei, aber gleichzeitig auch nicht. Sie war auch feiger denn je. Versuchte jemand, mit ihr zu flirten, zog sie sich freundlich, aber bestimmt zurück. Männer waren gleichzusetzen mit Chaos, und Chaos war das Letzte, was sie jetzt verkraftet hätte. Keinen der Männer, die sie traf, ließ sie mehr in ihr Leben. Sie würde sich nie wieder binden. Ihr Herz nie wieder hergeben. Nie, nie wieder. Die Jahre gingen ins Land.

Kapitel 5

Hannas ehemalige Kollegin und Freundin Anna hatte in Göteborg eine exklusive Cateringfirma gegründet. Ab und zu half Hanna bei größeren Events aus. Am Wochenende sollte eine Party steigen mit der Crème de la Crème, 800 Gäste an der Zahl. Anna hatte für das Personal extra neue Kleidung gekauft. Ganz elegante Kochjacken, schwarz, kontrastfarben abgesetzt, mit glänzenden Goldknöpfen. Besonders praktisch waren sie nicht, aber ultraschick. Hanna sollte an der Front arbeiten, das hieß, die Platten arrangieren, auffüllen, gegebenenfalls austauschen, Fragen beantworten und nett zu den Gästen sein. Das passte ihr gut, sie hatte ein zauberhaftes Lächeln und eine angenehme Stimme, war immer freundlich und serviceorientiert. Das Buffet hatte Klasse und es machte Spaß, die Gäste zu bedienen. Da war alles dabei, Schauspieler, Models, Musiker, Unternehmer. Die einen von Geburt aus reich und andere, die reich geheiratet hatten. Dazu strahlender Sonnenschein und klarblauer Himmel. Eine Band spielte im Hintergrund, alles war perfekt. Der Stress in der Küche nahm auch langsam ab, denn alle waren zufrieden. Champagner, Cocktails, Wein und auch Bier trugen zur fröhlichen Stimmung bei. Um 17:00 Uhr sollte das Buffet abgeräumt werden, danach waren Tanz und Party angesagt. Hanna wollte sich dann auf den Heimweg machen. Die Zwillinge hatten es zwar gut bei Oma und Opa, da brauchte sie sich keine Sorgen machen, aber der Tag war lang gewesen und sie war müde. Es war nicht mehr wie früher, als sie 20-Stunden-Schichten gearbeitet hatte, heute machte sich ihr Rücken bemerkbar. Hanna stand vor dem Buffet und räumte zusammen. Jemand hinter ihr rief ihren Namen. „Hanna!“ Sie stand ganz still und gefror zu Eis. Diese raue Stimme kannte sie. Wenn ich mich jetzt umdrehe und er steht da, falle ich in Ohnmacht. Langsam wandte sie sich um und er stand da und sie fiel nicht in Ohnmacht. Da stand er und grinste von einem Ohr zum anderen. Er sah umwerfend aus, vor Männlichkeit nur zu strotzend, seine muskulösen Arme braungebrannt, dem Dresscode natürlich wie immer nicht folgend, in T-Shirt, Indianerschmuck, Lederweste und Jeans. Die Haare etwas kürzer, das stand ihm gut. Er breitete die Arme aus und kam auf sie zu. „Hanna“, rief er wieder hocherfreut. Seine Arme umschlossen sie und er küsste sie geradewegs auf den Mund. Lange! Die Leute rissen die Augen auf! Damals, und das war nun viele Jahre her, hatte sie niemand öffentlich zusammen gesehen. Hanna war sozusagen ein unbeschriebenes Blatt. David Mills küsste innig die Köchin und das vor 800 Leuten. Hanna sah die Schlagzeile vor sich. Gott sei Dank waren die Journalisten weg. Sie hatten nur eine Stunde am Anfang Zugang gehabt. Wie es aussah, hatte David nicht die Absicht, sie jemals wieder loszulassen. „Hanna, Darling“, flüsterte er heiser. Hilfe, dachte Hanna, konnte aber nicht umhin, es zu genießen. David roch unwiderstehlich. Mann eben. Sie war das nicht mehr gewöhnt. Müde, wie sie war, legte sie ihren Kopf an seine breite Brust. So standen sie eine Weile. Dann flüsterte David in ihr Ohr: „Ich bin sie alle leid.“ Das hatte er schon einmal gesagt, damals in London. Sie hob den Kopf. Besser nicht in seine braunen Augen schauen. „David, I have to work, as you can see.“ Sie wollte ihm nicht verzeihen, dass er die Erstbeste, die ihm über den Weg gelaufen war, geschwängert hatte und sie recht und schlecht vergessen hatte. Oder wie war das damals gelaufen? Auf jeden Fall kompliziert! Anna hatte die Szene von Weitem mitbekommen. Als Rockfan wusste sie natürlich, wer der Mann war, David Mills von Blue Moon, einer der besten Gitarristen der Welt. Dass Hanna ihn einmal getroffen hatte, wusste sie, aber diese Intimität war ihr ein Rätsel. Die Story hatte sie verpasst und es war lange her. David bot sich lustigerweise an mitzuhelfen. Und so kam es, dass das gesamte Personal mit einem Autogramm von David Mills nach Hause ging. Hanna versuchte, ihm nicht zu nahe zu kommen, er war ein Schwerenöter, Ende und aus. Als sie fertig waren, zog Hanna sich um und machte sich frisch. Sie trug ein hellblaues Sommerkleid und trug die Haare jetzt offen. Anna bot ihnen Getränke an und sie setzten sich abseits in den Garten. David lächelte „You look gorgeus!“ „David, it is really a surprise to see you, a nice surpise of course, but you see, I have to go home now and sure you have lots of appointments.“ Sie hatte recht, er war nicht zum Vergnügen angereist. Er war zwar ohne die Band da, hatte jedoch jede Menge wichtiger Termine. Er saß ganz still, trank aus der Bierflasche und sah sie an. Hanna trank nur Wasser, da sie noch fahren musste. Letztendlich erhob sie sich, schließlich führte das alles zu nichts. Da nahm er sie einfach wieder in seine Arme, ziemlich fest, und zwang sie, ihn anzusehen. „Hanna, ich weiß, ich habe Mist gebaut.“ Hallo, geht’s noch? dachte sie. Lass mich in Ruhe. David Mills! Du hast mein Herz gebrochen. Aber wer war er eigentlich? Sie hatten nie die Chance gehabt, sich richtig kennenzulernen. Hanna sah in den Garten, er war wunderschön. „David, ich weiß nicht, ob ich das will.“ „Ich käme dich trotzdem gern besuchen, wo ich schon mal hier bin, und ich habe etwas Zeit. Wie wäre es mit morgen Nachmittag? Hanna, Darling, say Yes!“ „David, you know that I live 130 km from here.“„No problem, I come.“ Scheißkerl!

Nun, ein Taxi konnte er sich allemal leisten, Blue Moon war die Kultband der Achtziger und verkaufte sich immer noch gut! Ganz ehrlich, konnte man zu David Mills, der einen zu Hause besuchen wollte, Nein sagen? Hanna konnte es jedenfalls nicht! Als sie nach Hause kam, war alle Müdigkeit verflogen. Die Kids blieben bei Oma und Opa, sie würde sie morgen holen. Hanna putzte das Haus von unten bis oben. Auch wenn er nicht kam, war es bitter nötig und es gab ihr ein gutes Gefühl. Dann schlief sie innerhalb von fünf Minuten fest ein. Und träumte den alten Traum von dem Strand auf Île de Ré. David kam darin nicht vor. Er würde nicht kommen. Er würde sie wieder enttäuschen. Er war nur ein Scherz. Er war verzweifelt. Er wollte nur Sex. Er war alles außer das, was sie brauchte. Ihm war nicht zu trauen! Er war ein Scheißkerl! War er das? Alles ging Hanna durch den Kopf an diesem Morgen. Warum? Warum musste er da in Göteborg auftauchen? Ausgerechnet an diesem Tag, in diesem Moment? Warum musste sie ihn immer noch mögen? Sie kaufte ein. Ein einfaches Abendessen, er sollte sich nichts einbilden. Seine SMS kam um 11:00 Uhr. „Hi Sweetie, arriving around 3pm, longing." Aha! Hanna hatte ihn gegoogelt. Die dunkle, schöne Südamerikanerin hatte ihn verlassen, oder war es umgekehrt? Für das Kind, einen Jungen, hatten beide das Sorgerecht. Hanna sah zum tausendsten Mal aus dem Fenster. Dann kam er! Warum auch immer in einer schwarzen Limousine, die direkt vor Hannas Reihenhaus stehenblieb. Sie sah es und glaubte ihren Augen nicht. Am helllichten Tag, in einem kleinen Vorort von Halmstad. David Mills!! Einer der absolut besten Gitarristen der Welt. Was wusste sie schon über ihn, außer dass er gerade vor ihrer Tür stand! Als sei es das Selbstverständlichste der Welt, flanierte er durch den Vorgarten, sah sich die Blumen an, duftete an einer Rose. Die Haare, kürzer mit grauen Strähnen jetzt, aber wie immer lose zusammengebunden, Dreitagebart, Jeans, Lederweste, Indianerschmuck ... Der Nachbar ging mit dem Hund vorbei und wusste gar nicht, wohin er zuerst gucken sollte. Die Limo stand noch immer auf der Straße.

David begrüßte ihn, als würde er hier wohnen und als wäre die ganze Situation völlig normal! Hanna lachte laut auf. Rockstars waren eben doch coole Leute. Nun konnte sie nicht mehr an sich halten und öffnete die Tür. Er lachte sie an und breitete die Arme aus. „Darling", rief er. Seine tiefe rauchige Stimme sagte ihren Namen. Es ist alles nur ein Traum, dachte Hanna. Der Nachbar blieb stehen und ein zweiter kam dazu. „Welcome, David." Der Fahrer der Limousine kam mit einer Reisetasche und stellt sie vor der Tür ab. Aha, dachte Hanna, David hatte vor, über Nacht zu bleiben. Insgeheim freute sie das. „Come inside," sagte sie, um den neugierigen Blicken der Nachbarn zu entgehen. David nahm seine Tasche und stellte sie in den Flur. Sekunden später nahm er Hanna in seine Arme und hielt sie ganz fest. Vielleicht passten sie nicht in einander Leben aber in einer Sache verstanden sie sich 100 Prozent.

Die Schmetterlinge in Hannas Bauch machten sich bemerkbar. Sie flatterten, was das Zeug hielt. Er roch unwiderstehlich, seine Arme um sie taten so gut. Sie sah in seine bernsteinbraunen Augen und ergab sich ihm ganz! Ein heißer Kuss. Sie spürte sein Verlangen. Zwei Meter bis zum Sofa, Klamotten vom Körper reißen, küssen. Sie wollte ihn mit jeder Faser ihres Daseins, und zwar sofort. Sie stöhnte laut auf, als er in sie eindrang, Besitz von ihr nahm und sie sich der Lust hingaben. Sie waren eins. Perfekt füreinander. Es war lange her, dass sie einen Mann in ihrem Leben und Bett hatte. Es würde auch diesmal nichts Gescheites daraus werden, da war sie sich sicher. Aber das wollte sie jetzt mitnehmen und dabei jede Sekunde genießen. Basta! Hanna zeigte David das Haus und den Garten. In einem der Beete standen zwei Maiden's-Blush-Rosen. „You and me!", sagte er. Hanna nickte. „Yes. I have the photo with you in front of the roses on my bookshelf."Dass er sich an ihren Besuch in Kew Gardens erinnerte, rührte sie. Was wohl seine Frau dazu gesagt hatte? „Ich muss jetzt die Kinder holen, mach es dir so lange bequem, David." Sie wusste, dass es vielleicht nicht die beste Idee war, aber sie wollte, dass er ihre Zwillinge kennenlernte. Sie gehörten zu ihr. Hanna ohne die Kinder gab es nicht.

Sie erklärte Rebecca und Adrien im Auto, dass David ein guter Freund war, den sie lange nicht gesehen hatte. Und dass er ziemlich gut Gitarre spielte. Dass er einer der Besten war und in einer berühmten Band spielte, sagte sie nicht. Auch nicht, dass ihre Mutter vor vielen Jahren ein Verhältnis mit ihm hatte. Die beiden waren David offen und freundlich gegenüber. Adrien nahm in der Musikschule Gitarrenlektionen. Er war Feuer und Flamme, als David ihm einen bekannten Rocksong beibringen wollte. So kam es, dass bald im sonst so stillen Reihenhaus laute Musik zu hören war. Hanna lächelte. Es war ihr Lieblingslied. Der Abend wurde lustig und gemütlich. Nach dem Essen zogen sich die Kinder in ihre Zimmer zurück. Hanna bat David, eine Flasche Wein zu öffnen. Einen guten Amarone. David hatte natürlich keine Ahnung, welche Bedeutung Amarone für Hanna hatte. Er war ihr Männertest, den bis auf Adrien keiner bisher bestanden hatte. David auch nicht. Er war eher ein Bier-Typ. Adrien streifte ihre Gedanken. Wie so oft. „Lisa hat immer gesagt, dass wir uns nie hätten trennen sollen." Hanna antwortete nicht. Waren wir denn je zusammen? dachte sie. Schließlich hatte er die Erstbeste gevögelt und nicht umgekehrt. Von dem Kind sagte sie nie ein Wort. Würden sie je in einander Leben passen? Wohl eher nicht. Jetzt noch weniger als zuvor. Aber da war er nun mal und sein Kopf lag in ihrem Schoß. Und er war hoffnungslos umwerfend. Sie liebten sich leise in dieser Nacht, um die Kinder nicht zu wecken. Er war so zärtlich und liebevoll, es tat ihr gut. Hanna wollte nicht reden, nicht über die Vergangenheit und auch nicht über die Zukunft. Sie wollte nur genießen, ihn bei sich zu haben. Er hatte zwei Tage Zeit. Hanna rief ihren Chef an, es sei eine wichtige Familienangelegenheit, sie brauche bis Mittwoch frei. Sie wollte ihm ein Stück Schweden zeigen, er würde das lieben. Da war sie sich sicher.

Sie starteten am nächsten Morgen nach dem Frühstück. Das erste Stück fuhr Hanna auf der Autobahn. Kurz vor dem Hallandsåsen bog sie rechts ab in Richtung Båstad. Die 5.000-Seelen-Gemeinde mit ihren pittoresken, bunten Häusern hatte so einiges zu bieten, wie Hanna erzählte. Im Sommer verdreifachte sich die Einwohnerzahl. Hier gab es die berühmte Tennisarena, die mit ihren Turnieren die High Society anzog. Es wurden Konzerte und Festivals veranstaltet. Auch ein wunderschöner Park lag hier. Norrvikens trädgårdar. Das Meer war allgegenwärtig. Weiter ging es nach Kattvik. Hanna blieb kurz am Wegrand stehen. Sie zeigte hinaus auf die Bucht. „Weißt du, wer hier 1995 nackt gebadet und für riesige Schlagzeilen gesorgt hat? Richard Gere. Er hatte hier ein Ferienhaus gemietet und traf Stina, eine 25-jährige Studentin. Ein Paparazzo hat die beiden hier beim Nacktbaden erwischt." David lachte. Wie kam Richard Gere denn nach Kattvik? Ja, das wusste Hanna nun auch nicht. Hanna wendete, zurück nach Båstad. Im ersten Kreisel bog sie rechts ab auf den italienischen Weg, wie man ihn nannte. Das kam daher, dass die ersten Touristen, die Mitte des 18. und Anfang des 19. Jahrhunderts kamen, dachten, hier sähe es aus wie in einem Mini-Italien mit wunderschönem Panorama, Klippen und Meer. Die Straße glich Serpentinen, kurvig mit dem Höhenunterschied, und bot herrliche Aussichten. „Du weißt aber viel über die Gegend“, meinte David, „dabei bist du gar nicht von hier.“ Seine Hand weilte auf ihrem Knie. „Geschichte hat mich schon immer interessiert“, antwortete Hanna. Sie hatte die Route genau geplant und freute sich, dass es ihm so gut gefiel. Sie blieben an einem Rastplatz stehen, mit einer atemberaubenden Aussicht auf die Bucht von Laholm. Hanna hatte Getränke dabei und sie setzten sich auf eine der Bänke. Der Himmel war so blau, blauer ging es gar nicht. „Wenn die Europa-Tour zu Ende ist, komme ich zurück“, sagte David. „Möchtest du das?“ Hanna lächelte. „Ja, warum nicht“, antwortete sie und schaute aufs Meer. Sicher war sie sich da gar nicht. Es würde auch diesmal nicht funktionieren. Die Zeiten hatten sich geändert und ihrer beider Leben war zu verschieden. Hanna wollte Sicherheit, jemanden, der an ihrer Seite war, auf den sie sich verlassen konnte, sie hatte Kinder und damit auch Verantwortung. All das konnte David ihr nicht geben. Es tat weh, denn auf gewisse Weise liebte sie ihn.

Sie fuhren an den Markthallen in Boarp vorbei. Hier gab es einen Metzger, Blumen, Möbel, Gemüse, Fisch und sonst noch so einiges. In Perstorp bog sie nach Hovs Hallar ab. Gepflegte, rot angestrichene Höfe lagen idyllisch in der Landschaft. Sie fuhren an einer Fischräucherei vorbei, aus deren Schornstein Rauch aufstieg. Das Meer als ständiger Begleiter. Von Hovs Hallar aus hatten sie eine weitgestreckte Aussicht über die Bucht von Laholm, sogar bis nach Halmstad konnte man sehen und Hallands Wetterinsel. Der nächste Anhalt war Torekov. Ein kleines, aber feines Örtchen. Hanna parkte am Fischereihafen. Hier lagen Fischerhütten dicht an dicht. Es gab ein paar Restaurants, darunter das hervorragende Fischrestaurant Fiskhuset. Es sah sehr einladend aus. Sicher hätten sie auch hier essen können, vielleicht passte es ein anderes Mal. Ein anderes Mal, dachte Hanna, würde es das je geben. Sie spazierten Hand in Hand durch den Hafen. Am Ende lag die kleine Fähre, die zu Hallands Wetterinsel fuhr. Auch das könnten sie einmal machen, es war wunderschön dort. Er würde es lieben. Jedes Mal, wenn Hanna in Torekov war, musste sie an die Tradition denken, die hier gebräuchlich war. Die Einwohner standen frühmorgens, eingehüllt in ihre Morgenmäntel, geduldig in einer Reihe zum Steg hin, der hinaus auf das Meer ging. Einer nach dem anderen tauchte in das kühle Nass, um sich zu erfrischen und den Tag gut zu beginnen. Das war hier so üblich. Hanna und David bummelten durch das kleine Dorf, auch hier bunte, pittoreske Häuser mit schönen Schnitzereien an Giebeln und den Vorterrassen. Geranien blühten in Blumentöpfen und Balkonkästen. Sie kamen an der Kirchenruine vorbei. Deren Sage drehte sich um eine Königstochter namens Thora. Sie wurde neben einem großen Felsen am Ufer angespült und wurde vom blinden Fischer Frenne gefunden. Er versprach, sie in geweihter Erde zu begraben, und erlangte sofort sein Augenlicht zurück. Frenne begrub das Mädchen und baute an der Stelle eine Kapelle namens Sankta Thoras. Wo der Legende nach die Kapelle stand, wurde im frühen Mittelalter eine Kirche errichtet, die heutige Kirchenruine. Neben S:ta Thoras väg am Strand befand sich der sagenumwobene St.-Thoras-Stein. Nebenan hatte sich früher eine heilige Quelle befunden, deren Wasser angeblich Augenkrankheiten und Hautausschläge heilte. Eine traurige, aber auch schöne Geschichte, meinte David. Aus dem Unglück kam etwas Gutes. Sie saßen ein Weilchen still und hielten einander an den Händen.

Weiter ging die Fahrt. Sie kamen an einem Bauernhof vorbei, wo mehrere Hersteller sich zusammengetan hatten. Hanna hatte davon gehört, war aber noch nie dagewesen. Bei Tante Grün gab es Käse und Delikatessen, Gemüse und Obst aus der Region. Bei Elin und Arvid Markenkleidung und Accessoires. Hanna und David sahen sich um. Der Käse lockte Hanna wie immer. Sie würde später etwas einkaufen.

David sah sich den Schmuck an, er interessierte ihn. Selbst trug er immer Indianerschmuck, Hand Made verstand sich. Er kam direkt aus den Reservaten im Südwesten Amerikas. David unterstützte sie. Er verkaufte den Schmuck auch auf seiner offiziellen

Homepage. Die Indianer im Südwesten der USA gehörten zu den weltbesten Silber- und Goldschmieden, erzählte er Hanna. Seine Großeltern hatten auch Schmuck hergestellt. Seine Mutter wollte jedoch nicht im Reservat bleiben und heiratete einen weißen Mann. David war deshalb gutbürgerlich aufgewachsen und hatte Musik studieren können. Sein Hintergrund hatte Hanna immer fasziniert. So viel verschiedene Kulturen, Bräuche, Glaubensrichtungen, sie hätte ihm stundenlang zuhören können, aber er erzählte nicht viel davon. Bei einer Kette blieb er prompt stehen. „Diese möchte ich dir gern schenken, Hanna. Sie hat Karma." Hanna sah ihn fragend an. „Das heißt, sie hat Energie und Bedeutung. Amethyst, rosa Opal, Aventurin und Amazonit." Die Verkäuferin wollte die Kette in eine Schachtel legen, aber David hinderte sie. Er nahm die Kette und legte sie Hanna um den Hals. Der war so trocken, dass sie „Danke" nur krächzen konnte. Eine andere Erinnerung überkam sie so heftig, dass ihr fast schlecht wurde.

Weiter ging es in Richtung Förslöv, vorbei an der schönen Kirche von Grevie. In Ängelholm, Höhe Erikslund, bog sie von der E6 ab, fuhr weiter in Richtung Höganäs. David sah aufmerksam aus dem Fenster. Die Landschaft war hügelig, obwohl so nahe am Meer. In Jonstorp bog Hanna rechts ab in Richtung Svanshall. Dort im Hafen, mit wunderschönem Blick über die Bucht von Skälderviken, lag ein Restaurant. Die Spezialität des Hauses: im Ganzen gebratene Scholle mit gebräunter Butter, Champignons, Kapern und neuen Kartoffeln. Sehr, sehr lecker! Hanna hatte schon öfter dort gegessen. Außerdem war es unwahrscheinlich, dass hier jemand David erkannte. Die Gäste bestanden meist aus Rentnern und Familien mit kleinen Kindern, die alle Aufmerksamkeit brauchten. Sie setzten sich ans Fenster und bestellten die Schollen. David nahm Hannas Hände in seine und sah sie an. „I treasure this moment, I wish it could last forever." Die Bedienung, eine Frau mittleren Alters, kam mit den Getränken und Hanna bemerkte, dass sie David etwas zu lange begutachtete. Zurück am Tresen tuschelte sie mit einer anderen jüngeren Bedienung. Diese sah zu ihnen hinüber. Hanna fragte sich, ob es an Davids etwas ungewöhnlichem Äußeren lag oder ob sie ihn erkannt hatte. Nach dem delikaten Fisch, den sie kaum bewältigen konnten, bestellten sie noch einen Espresso. Da räusperte sich die Bedienung und sagte: „Sorry to disturb, but you look exactly like David Mills, the guitarist of Blue Moon?“ David sah sie verwundert an, dann lachte er: „That may be so because that's who I am, how did you notice?“ Es stellte sich heraus, dass sie ein großer Fan der Gruppe war. Genau wie ich, dachte Hanna. Das Ganze endete mit Fotos, Autogrammen und dass sie die Rechnung nicht bezahlen durften. „Es lohnt sich ja richtig, mit dir unterwegs zu sein,“ lachte Hanna, als sie im Hafen noch etwas schlenderten. Das Meer lag spiegelblank und hatte die gleiche klarblaue Farbe wie der Himmel. Zwei Fischer standen auf dem Kai bei ihren Schiffen und plauderten. David zog sie an sich und küsste sie. „I could picture this with you forever.“ Ja, dachte Hanna, das war eine Wiederholung von vor 15 Minuten und wir hatten alles schon einmal. Sie entzog sich seinen Armen. Sie wollte das Jetzt genießen und nicht an morgen denken. Die Fahrt ging weiter.

Auf dem Weg nach Arild lag Flickorna Lundgren på Skäret, ein urgemütliches Café mit reetgedecktem Dach. Hanna erzählte David dessen Geschichte. 1938 öffnete das Café in einem ursprünglich alten Fischerhaus von 1732. Sieben Schwestern waren auf die Idee gekommen. Das Café wurde sofort ein voller Erfolg und war es bis heute. Der ehemalige König Gustaf VI. liebte das Café und seine Besuche dort machten es berühmt. Man konnte leicht verstehen warum. Es wehte eine laue Brise vom nahen Meer herüber und Hanna und David ließen sich an einem schattigen Plätzchen nieder. Es war ja noch früh am Nachmittag. Sie bestellten Kaffee, der in Messingkannen serviert wurde. Dazu gefüllte Vanilleherzen. David biss herzhaft hinein. Der Puderzucker hinterließ einen Schnurrbart auf seiner Oberlippe. Hanna strich mit dem Finger darüber. Er hielt ihre Hand fest. „I love you“, sagte er schlicht. Sie lächelte. Wenn sie ihm das Gleiche antwortete, würde es nur noch schwerer werden. Das urgemütliche Fischerdorf Arild bot wieder den Anblick dieser süßen Bullerbü-Häuser, die sich verschachtelt an den Hügel über dem Hafen klammerten. Der Weg schlingerte sich bis zum Hafen hinunter. Ein Marder sprang über den Weg in einen Garten. „What is this?", rief David, mitten am Tag. Der Hafen war voller Boote verschiedenster Nationalitäten – Dänen, Norweger, Deutsche, sogar ein Engländer war darunter. Obwohl das Dörfchen nur ca. 750 Einwohner hatte, war richtig viel Betrieb. Ein schönes altes Hotel sorgte gut für die Gäste. Von Arild aus ging es weiter nach Mölle. Das Erste, was man von dem Dorf sah, war die wunderschöne weiße Kapelle mit grünem Dach. Hanna hatte sie schon immer gemocht. Sie hatte gemauerte Stufengiebel und die Giebelseiten des Turms waren mit spitzbogigen Nischen gemauert. Das gab ihr ein besonderes Aussehen. Ein schönes Willkommen! David gefiel das alles immer mehr. Die Natur, die Höfe und Dörfer, vor allem das Meer! Der Hafen von Mölle lag umgeben von geschichtsträchtigen Hotels und schönen Häusern mit weißen Holzfassaden und Schnitzereien, die rundherum an den Berg gebaut waren. Hanna ergatterte einen Parkplatz, was um diese Zeit gar nicht so einfach war. Hand in Hand schlenderten sie über die Pier und ließen sich auf einer Bank nieder, um dem Treiben im Hafen zuzuschauen. Ein paar Kinder angelten Krebse, die sie in einen Eimer legten. Hanna kuschelte sich in Davids Arm und gähnte. Sie war richtig müde. „Darling, ich kann nach Hause fahren", meinte David. Und so machten sie es auch. Bis zur Autobahn hielt Hanna stand, um ihm den Weg zu zeigen, dann gab sie auf und schlief fest ein. Tatsächlich hatte er kein Problem damit, sondern küsste sie erst auf der Auffahrt zu ihrem Haus wach.

Die Kinder holte ausnahmsweise Jonas aus der Schule ab. Sie hatten in Mölle riesige Krabbenbrote gekauft, die sie jetzt bei Kerzenschein und Weißwein auf der Terrasse genossen. David sah entspannt aus, er lächelte. „Darling, this is really nice, you know. I could picture this forever." Das hatte er heute schon einmal gesagt. Hanna antwortete nicht darauf, sondern sagte: „Spielst du mir ein Lied, David? Ich habe leider nur Adriens Gitarre." Sie wusste natürlich, dass er andere Ansprüche hatte, aber nein: „Of course, we have all started at some point." Hanna holte die Gitarre, die sie letzte Weihnachten im Schlussverkauf ergattert hatte. Er fing an, sie zu stimmen. Naturally. Dann schaute er sie an. „What do you wish to hear?" Ihre Antwort kam etwas zu schnell. „Wicked Game" by Chris Isaak. Er sah sie verwundert an. Und dann spielte er den Song. War es so? Hannas Blick schweifte ab, sie sah in den Garten, ja genauso war es. Sie wollte sich nicht verlieben. Adrien streifte ihre Gedanken, so wie mit ihm würde es sowieso nie wieder sein.

In dieser Nacht lebten sie alle Träume und Leidenschaft aus, zu denen sie fähig waren. Am Morgen kuschelte sie sich an seinen breiten Brustkorb. Er war wirklich gut gebaut. Sie strich über seine Armmuskeln, das Grübchen am Kinn, den straffen Bauch, Sixpack, ein Traum, nur treu sein konnte er nicht, da war sie sich sicher. Sie hätte jetzt gern dasselbe gesagt wie er gestern, „I could imagine this forever", aber ließ es sein. Genieße, Hannchen, dachte sie, genieße es einfach. Sie würde sich an diese Tage erinnern, wenn sie als Oma im Schaukelstuhl saß, und dabei lächeln.

Sie fuhren ans Meer und verbrachten fast den ganzen nächsten Tag da. Er liebte das Meer genauso wie sie selbst. Der Ausflug gestern hatte es ihm angetan. Er überlegte, ein Ferienhaus zu kaufen. Ein so gemütliches mit Reetdach, sie hatten viele davon gesehen. Man könnte es innen neu ausstatten lassen. „Deine Familie und Freunde könnten es das ganze Jahr nutzen", meinte er. Sie streunten durch die Dünen. Als sie in einer Mulde lagen und er sie küsste, war es Adrien, der ihr über den Kopf strich. Genauso war es damals gewesen, oder nein, nicht ganz genauso. Sie musste die Gespenster endlich hinter sich lassen. Adrien war tot und David würde ihn nicht ersetzen können. Niemand konnte das. So einen Mann gab es nicht. Sie hatten vollkommen verschiedene Charaktere, waren aus anderen Welten. Wie gern hätte sie Adrien dies auch alles gezeigt. Aber das Rad der Zeit ließ sich nicht zurückdrehen.

Am nächsten Tag nahm David ein Taxi nach Kopenhagen, um nach London zu fliegen. „Möchtest du mitkommen?", fragte er. Hanna schüttelte den Kopf. „Ich kann nicht, das weißt du doch." Zum zweiten Mal Abschied. Ein endloser Kuss! Der Nachbar mit dem Hund blieb wieder stehen, diesmal jedoch mit gehörigem Abstand. Die Tränen hob sie für später auf. Sie hielten Kontakt und riefen sich hin und wieder an. Hanna spürte, dass er ihr wieder entglitt. An einem Sonntagmorgen, Wochen später, hörte er sich irgendwie anders an. Sie merkte es sofort, er war nicht allein. Auflegen und weinen. Es brach ihr das Herz! Die Kette mit Karma nützte ihr da nichts. Herrgott noch mal.

Kapitel 6

Eigentlich hat Hanna den Zug nehmen wollen, doch der war wegen des schlechten Wetters eingestellt. Mit dem Bus dauerte es länger, um nach Malmö zu kommen, wo die Tagung stattfand. Der Busfahrer war unfreundlich und das ärgerte Hanna. Er hat einen Serviceberuf, dachte sie, da kann man es sich nicht leisten, unfreundlich zu sein. Man ist für die Fahrgäste da und lächelt, egal wie es einem zumute ist. Die Schlange vor dem Bus war lang, da viele, die den Zug hatten nehmen wollen, jetzt hier gelandet waren. Ein eiskalter Wind wehte durch Mark und Bein. Sie ergatterte einen Fensterplatz in der Mitte. Na, wenigstens konnte sie aus dem Fenster schauen, um die Zeit zu vertreiben. Eine Mutter mit ihrer kleinen Tochter setzte sich auf die Plätze gegenüber. Hanna lächelte das Mädchen an, sie mochte wohl so an die sechs Jahre alt sein. Sie lächelte zurück. In ihrem Arm hielt sie einen Teddybären. „Du hast aber einen süßen Teddy", sagt Hanna, „wie heißt der denn?" „Der heißt Emil", antwortete die Kleine freundlich. „Und ich Emma." „Ich heiße Hanna." Und sie nickte der Mutter zu. „Ich bin Mia", sagte diese und gab ihr die Hand. „Wir besuchen Oma und Opa", rief Emma. „Na, dann wünsche ich euch viel Spaß", sagte Hanna und lehnte sich zurück. Neben sie setzte sich eine ältere Dame, sie prustete und war völlig außer Atem. Der Bus war ruckzuck vollbesetzt. Hanna hasste übervolle Räumlichkeiten. Endlich ging es los. Das Schneetreiben hatte zugenommen. Noch bevor sie auf der Autobahn waren, wurde Hanna mulmig zumute. Der Busfahrer fährt zu schnell, dachte sie. Es ist doch egal, wann wir ankommen, Hauptsache, wir kommen an.

Die Dame neben ihr fing an zu schnarchen, die meisten Fahrgäste waren eingenickt, es war ja noch früh am Morgen. Ist ja wahrscheinlich das Beste, was man machen kann, dann vergeht die Zeit schneller. Sie kuschelte sich in ihren dicken Schal und schloss die Augen. Das Nächste, was sie registrierte, war ein lauter Knall, das Geräusch von splitterndem Glas, sie spürte einen harten Schlag, der Bus fiel zur Seite und schlierte noch ein Stück, bevor er zum Stehen kam. Erst war es totenstill. Kein Mucks war zu hören. Hanna dachte, das ist das Ende, ich hatte doch noch so viel vor. Ein stechender Schmerz breitete sich in ihrem Körper aus. Sie hatte Blutgeschmack im Mund, aber sie lebte. Dann fing das kleine Mädchen an zu wimmern. Hanna versuchte, sie zu lokalisieren, es war dunkel, alle Beleuchtung war aus. Sie sah sie auf der Sitzlehne vor ihr, sie musste dorthin geschleudert worden sein. Die ältere Dame war bewusstlos und lag mit ihrem ganzen Gewicht auf Hanna. Sie versuchte, sich trotzdem hochzuziehen. Ein scharfer Schmerz durchfuhr sie. Die Kleine durfte auf keinen Fall auf die zerborstene Scheibe mit ihren scharfen Kanten fallen. Hanna bekam ihren Arm zu fassen und zog sie zu sich. Sie umschlang sie fest. „Es wird alles gut, Emma", flüsterte sie und merkte nicht die Tränen, die ihr dabei über das Gesicht liefen. „Es wird alles gut." Sie hörte Mia verzweifelt nach Emma rufen. Emma antwortete ihr: „Mama, ich bin bei Hanna."

Dann brach das Chaos aus. Hilfeschreie! Der Rettungsdienst war mit mehreren Fahrzeugen schnell zur Stelle. Hanna sah ringsherum das Blaulicht. Da sie sich aber in der Mitte des Busses befand, war sie eine der letzten, die die Rettungshelfer evakuierten. Emma wollte sie nicht loslassen. Sie fing laut an zu weinen. „Ist das Ihre Tochter?", fragte jemand. „Nein", sagte Hanna, dann verlor sie das Bewusstsein. Das Erste, was sie sah, als sie aufwachte, war der Beutel mit Blut, der über ihr hing. Aha, dachte sie, Transfusion. Ihr war eiskalt, schlecht und hundeelend zumute. Eine Schwester kam zu ihr und strich ihr über den Kopf. „Du hast einen Schutzengel gehabt, Hanna." Und sagte ihr, dass sie zwei Tage im künstlichen Koma gelegen hatte. Später kam ein Arzt und erklärte ihr, was passiert war. Sie war eingeklemmt gewesen. Das Knie völlig zerschmettert, sie hatten überlegt, das Bein zu amputieren, aber ein herausragender Orthopäde aus Griechenland hatte versuchen wollen es zu retten und es geschafft. Sie hatte mehrere tiefe Schnittwunden und viel Blut verloren. Auch eine Gehirnerschütterung. Aber sie lebte. Ein Rentnerehepaar in der vordersten Reihe hatte nicht das gleiche Glück gehabt. Sie waren leider beide umgekommen. Wenigstens zusammen, dachte Hanna, bevor sie der ersehnte Schlaf wieder einholte.

Am Abend kamen Rebecca und Adrien, beide bleich vor Sorge. Hanna versuchte zu lächeln. „Noch seid ihr mich nicht los." Rebecca hatte Tränen in den Augen. „Mama, das war aber nah dran." Und sie küsste sie auf die Hand, die von Schläuchen frei war. „Es wird alles gut", antwortete Hanna, wie immer, wenn sich eine Krisenlage offenbarte. Hanna verbrachte noch zwei Wochen im Krankenhaus, dann wurde sie entlassen. Rebecca holte sie ab. Damit war man in Schweden immer sehr schnell. Reha existierte nur bedingt, Kuraufenthalte gab es gar nicht. Eine Krankenschwester kam vorbei und brachte ihr bei, sich selbst eine Spritze zu geben, um Embolien vorzubeugen. Eine andere kam mit Hilfsmitteln vorbei. Einen Hocker für die Dusche, einen anderen mit Rollen, um sich in der Küche fortzubewegen. Den Rollstuhl hatte sie schon im Krankenhaus bekommen. Laufen ging gar nicht, auch die Schmerzen waren schwer zu ertragen. Von den Tabletten wurde ihr übel, alles drehte sich. Am schlimmsten machte ihr aber ihre Hilflosigkeit zu schaffen. Das war sie so gar nicht gewohnt. Als Rebecca ihr beim Duschen half und sie nicht an die Shampoo Flasche rankam, brach sie in Tränen aus und warf alles, was in Reichweite war, durch das Bad. Verdammt noch mal! Gott sei Dank war Rebecca geduldig und tröstete sie. „Das wird schon wieder, Mama", sagte sie. Hanna war sich da nicht so sicher.

Der Krankengymnast, der ihr helfen sollte, aus dem Rollstuhl zu kommen, hatte null Interesse oder Können. „Wir lassen das mal ruhig angehen", sagte er und Hanna traute ihren Ohren nicht. Manche Menschen habe keinen Berufsstolz, dachte sie, wie kann so jemand auch noch ein fettes Gehalt beziehen? Helfen tat er ihr jedenfalls nicht. Ein halbes Jahr ging das so, dann wechselte sie. Die Neue war besser, sie bekam Akupunktur und

Übungen, die sie zu Hause machen konnte. Auch schloss sie sich einer Wassergymnastikgruppe an. Langsam, aber sicher ging es aufwärts. Den Rollstuhl benutzte sie nur noch, wenn eine längere Strecke zu bewältigen war. Museum oder Ikea. Irgendwann gab sie ihn zurück. Damit verschwand zwar ein Stück Freiheit, aber es spornte sie auch an, dass es ohne ihn ging. Nur arbeiten ging nicht mehr. Die Schmerzen hielten sie eisern im Griff. Von den starken Schmerztabletten wurde ihr übel und sie ließ sie weg. Sie war lange krankgeschrieben. Die Krankenkasse, die in Schweden das Monopol hatte, versicherte ihr mehrmals, dass sie keine Angst haben brauche, sondern das Krankengeld erhalten würde, das ihr zustand. Der zuständige Beamte meinte, sie solle einen Antrag auf Behindertenrente stellen. Kurz danach ging er selbst in Rente und Hanna wartete darauf, dass ihr ein neuer Beamter zugeteilt wurde. Stattdessen kam ein Brief, der sie dazu beorderte, sich beim Arbeitsamt zu melden. Die ärztliche Bescheinigung half ihr dabei wenig. An dem Tag, an dem sie sich dort einfinden sollte, bekam sie Magengrippe und hing den ganzen Tag auf der Toilette. Sie rief das Arbeitsamt an, kam aber nur zu einem Anrufbeantworter durch, wo sie eine Nachricht hinterließ. Auch am nächsten Tag fühlte sie sich zu schwach. Rebecca wollte sie aber den Tag darauf hinfahren. Hanna ging immer noch mit Krücken. Der Beamte musterte sie von oben bis unten. „Was meinen Sie denn, was Sie arbeiten können?", fragte er. Ja, das wusste Hanna nun auch nicht so genau. Etwas, bei dem sie nicht gehen oder stehen musste. Auch war ihre Konzentration nicht mehr wie früher, dann behinderten sie die Schmerzen natürlich. Der Beamte registrierte sie, aber mit der Notiz „mit Einschränkung". Das jedoch führte für Hanna verheerende Konsequenzen mit sich, sie war nun krankgeschrieben und arbeitslos. Der Brief der Krankenkasse kam kurz danach. Hanna las ihn hundertmal durch, aber konnte ihn trotzdem nicht verstehen. Hier musste doch ein Fehler vorliegen. Die Krankenkasse hatte beschlossen, ihr das Krankengeld zu entziehen, mit unmittelbarer Wirkung. Grund: Sie hätte sich nicht an dem angegebenen Tag beim Arbeitsamt gemeldet. Dass sie krank gewesen war, wurde nicht akzeptiert. Einfach so hatte das jemand entschieden. Dreimal Berufung einzulegen, nutzte nichts. Arbeitslosengeld stand ihr auch nicht zu, da sie ja krankgeschrieben war. Von einem Tag auf den anderen riss man ihr den Boden unter den Füßen weg. Nun brach ein ganz dunkles Kapitel an. Sie war zwischen die Stühle geraten, aber die schwedischen Gesetze ließen das zu. Keiner war bereit, ihr zu helfen. Auch der Antrag auf Behindertenrente wurde abgeschlagen. Das Recht auf Arbeitsunfähigkeit gestand ihr das schwedische Rechtssystem nicht zu, wie so vielen anderen, die sich in einer ähnlichen Situation befanden. Am Anfang dachte sie, den Behörden sei ein Fehler unterlaufen, aber nein, es hatte alles seine Richtigkeit. Sie könnte ja arbeiten, ja, aber was? Denn angepasste Arbeit wurde auch nicht angeboten. Ihre neue Chefin könnte ihr durchaus eine andere Arbeit anbieten, aber sie wollte nicht, nein, die wollte sie nur loswerden. Sie und Hanna waren sich nie einig gewesen. Hanna nannte sie Schreckschraube, weil sie nicht zuhörte, nicht auf Menschen einging, sondern nur ihren Willen durchsetzte. Ihr Blick war immer eiskalt, wenn er durch die große Brille flackerte. Sie konnte nicht lächeln, sondern presste immer die Lippen zusammen. Dachte, sie wäre sonst wer, aber in Hannas Gebiet der Küche hatte sie keine Ahnung, und das bereitete Probleme. Denn Hanna verteidigte ihr Revier. Hanna schaltete die Gewerkschaft ein, sie hatte das Recht auf Hilfe, auch der Krankenkasse gegenüber. Am Anfang sah alles gut aus und sie bekam Kontakt zu einer Juristin. Einen Tag vor der Verhandlung machte diese jedoch einen Rückzieher mit der Begründung: „Man kann gegen die Krankenkasse nicht gewinnen." Hanna traute ihren Ohren nicht. Feigling, dachte sie, wie in der DDR. Wir hätten es zumindest versuchen können. Es folgte auch eine Kündigung ohne Abfindung. Egal, wenigstens brauchte sie der Schreckschraube nie wieder unter die Augen zu treten.

Die Aktenordner stapelten sich in den nächsten Jahren. Sie hörte nicht auf, um ihr Recht zu kämpfen. Die Beamten zeigten weiter Ignoranz und Unverständnis. Dass die sich morgens überhaupt im Spiegel ansehen konnten. Es war nicht zu fassen, aber das System ließ es zu. Auch ein Regierungswechsel nutzte nichts. Die, die am schwersten krank waren, bekamen weniger Hilfe oder gar keine. Der Sinn der Sache war, sie belasteten den Staat. Also besser ganz loswerden. Dass die meisten ihr ganzes Leben gearbeitet und ein Recht auf Hilfe hatten, interessierte niemanden. Die Zwillinge unterstützten sie finanziell und etwas Gespartes gab es auch. Doch es war kein gutes Leben mehr. Sie konnte sich nichts, aber auch gar nicht mehr leisten, es ging nur noch ums nackte Überleben. Das war der Dank dafür, dass sie sich die ganzen Jahre hier abgerackert hatte. Ein Tritt in den Allerwertesten, vom schwedischen Staat unterschrieben. Endgültig aus der Traum vom Astrid Lindgren Paradies. Lange hatte Hanna gedacht sie sei ein Einzelfall, dass sie nur Pech gehabt hatte, aber so war es leider nicht. Dass sie mit ihrem Schicksal nicht allein war verstand sie durch soziale Medien und Selbsthilfegruppen. Auch schwer kranken Menschen verweigerte man die nötige Hilfe. Sie hielt sich mit Übersetzungen, Telefoninterviews und Dolmetscherjobs über Wasser. Auch verkaufte sie alles von Wert, auch Schuhe, Kleidung, Schmuck, ihr Bügeleisen und Bücher. Sozialhilfe war für sie ausgeschlossen, dann hätte sie erst noch das Auto verkaufen müssen, das ihr wenigstens etwas Freiheit ließ. Auch ihr Stolz ließ das nicht zu. Und den musste sie sich um jeden Preis bewahren. Alles, was ihre Reha anging, konnte sie sich auch nicht mehr leisten. Die, die ihr wirklich helfen konnten, waren private Akteure, die sich auch dementsprechend bezahlen ließen. Sie waren nicht an die einzige Krankenkasse, die in Schweden existierte, nämlich die staatliche, angeschlossen. Nach zwei Jahren bekam Hanna ihr Recht durchgesetzt und bekam zumindest Arbeitslosengeld. Aber der Kampf ging weiter, die Spirale nach unten. Nichts wurde je wieder, wie es gewesen war. Sigurd war ein treuer Freund in dieser Zeit und sie halfen sich gegenseitig. Ansonsten wurde es einsam um sie. Ehemalige Freunde und Kollegen meldeten sich nicht mehr. Hanna war es recht. Was das alles mit einem Menschen machte, ein langsames Zerstören der Lebensqualität, des Selbstbewusstseins, des Vertrauens und Glaubens, war nicht schön. Sie, die Vorträge und Kurse gehalten hatte, der ein Publikum von ein paar Hundert Leuten keine Angst machte, wollte jetzt morgens am liebsten im Bett bleiben. Ewige Schmerzen, die sie ertrug, und statt Morphium zu nehmen, lieber eine Flasche Wein trank, oder zwei. Es kamen neue Diagnosen, Darmbluten, Colitis ulcerosa, Krämpfe in der Speiseröhre. Die Rückenprobleme hatte sie ja schon lange, die hatte ihr die Skoliose eingebrockt. Sie dachte das sie damals doch lieber auf den Schularzt hätte hören sollen. Es kam immer wieder etwas Neues dazu, die jeden Tag zu einer Herausforderung machten. Ihre Seele hat Narben, die sich in ihrem Körper widerspiegelten, sagte die Psychologin die sie manchmal traf. Inkompetente Ärzte, die gerne operieren wollten oder ihr Antidepressiva verschrieben, aber an das Grundproblem nicht herankamen. Dazu das Unverständnis der Familie. In Deutschland war ja auch alles anders und wie konnte es sein, dass ein kranker Mensch so behandelt und ausgeschaltet wurde. Sie konnten oder wollten es nicht verstehen. Letztendlich erzählte sie nicht mehr von alledem. Adrien arbeitete in Göteborg. Wenn er sie besuchte, kümmerte er sich um den Garten und das Haus. Rebecca kam zweimal die Woche vorbei und half ihr mit diversen Dingen. Ansonsten war Hanna allein und arm wie eine Kirchenmaus. Der Alptraum aller Eltern, wie gerne hätte sie die Kinder finanziell unterstützt, aber das ging nicht. Sie würden einmal das Haus erben, es war der einzige Trost. Jonas war gut bestellt, natürlich, und sie hoffte, dass er nicht so knauserig seinen Kindern gegenüber war wie am Ende ihrer Ehe zu ihr. Strom und Benzinpreise schossen in die Höhe. Die Heizung ging kaputt und blieb es auch. Vor drei Jahren hatte sie das letzte Mal gebadet, es war zu teuer. Eine schnelle Dusche, dabei blieb es, egal wie kalt und eklig das Wetter war. Das wenige Geld vom Staat reichte vorne und hinten nicht. Was sie wirklich gebraucht hätte, Rehabilitation, Schwimmengehen und Fitnessstudio, konnte sie sich nicht leisten. Das war dem schwedischen Staat leider völlig egal. Rebecca und Adrien hatten sich Gott sei Dank trotzdem prima entwickelt und waren selbstständige und nette Menschen mit guten Jobs. Hannas große Leidenschaft war ihr Garten. Dort konnte sie ihre Gedanken ordnen. Es wurde im Laufe der Jahre ein Blumenparadies. Es gab auch einen Teich mit Fröschen und Salamandern. Ein Igel wohnte auch hier, mit dem ihre Katze abends gern ein Pläuschen hielt. Eine Freistatt aller Sorgen. Dann kam Sarah zu Besuch. Sie war die Einzige, mit der Hanna die ganzen Jahre über in Kontakt geblieben war. Beste Freundinnen eben. Wie immer, wenn sie sich trafen, holte sie die Vergangenheit ein und alte Erinnerungen wurden ausgiebig belacht und beweint. Sarah machte jeden Tag einen langen Spaziergang im Wald. Früher hatten sie das immer zusammen gemacht, mit allen Kindern dabei. Das konnte Hanna nun nicht mehr. Als Sarah eines Tages zurückkam und sie bei Kaffee plauderten, erinnerte Sarah sich daran, wie Hanna immer von Wichteln und Tomte erzählt hatte. Ihre Kinder sahen sie danach überall und waren hellauf begeistert. „Kannst du die Geschichten denn nicht mal aufschreiben, damit sie nicht verlorengehen?“ Hanna dachte darüber nach. Ja, warum nicht, vielleicht war ja sogar ein Verlag daran interessiert. Denn Geld hatte sie bitter nötig.

So kam es zu der Geschichte über den Tomte Oskar:

Die Geschichte, wie ich Oskar den Tomte doch noch traf!

Oh ja, ich weiß, was Ihr jetzt sagen wollt, wie schwer es überhaupt ist, jemals einen Tomte zu ahnen oder gar zu sehen. Es soll sogar Menschen geben, die gar nicht glauben, dass es sie noch gibt. Heutzutage ist es ja auch fast unmöglich. Früher war das alles anders. Da lebten die Tomte im Einklang mit den Menschen, weil die Menschen da auch noch im Einklang mit der Natur lebten. Damals waren die Tomte noch nah bei den Menschen, sahen nach den Tieren, bewachten das Feuer und konnten so manches Unglück abwenden. Sie zeigten sich nicht, aber wenn die Menschen nicht nett zueinander waren, konnten die Tomte auch richtig böse werden. Da haben sich die Menschen wieder besinnt. Als dann aber alles lauter um uns wurde, Autos, Maschinen und Staubsauger erfunden wurden, verließen die Tomte die Menschen und zogen sich in die tiefen, dunklen Wälder zurück. Sie hassten den Lärm und je lauter es wurde, desto mehr verschwanden sie. Sie bauten Höhlen in den Wäldern und dachten, dass die Menschen wohl irgendwann zur Vernunft kämen, aber das passierte nie! Bis heute ist das so und wird immer schlimmer!

Nun ja, zurück zu Oskar und mir. Ihr erinnert Euch vielleicht an die Geschichte, die ich Euch vor vielen Jahren erzählt habe. Damals war ich Pilze sammeln und hatte mich verirrt. Es wurde dunkel und ich wusste nicht mehr, wo ich war. So schreckliche Angst hatte ich da und Panik, allein im dunklen Wald mit wilden Tieren! Handys gab es damals noch nicht. Da setzte ich mich unter einen Baum und war verzweifelt. Was nun? Eine Sekunde nur sah ich im Augenwinkel etwas huschen, ich schrak zusammen. Was war es, eine Maus oder, noch schlimmer, eine Ratte ... oder weiß Gott Schlimmeres! Aber nein, da hinten, weit weg, war ein Lichtschimmer ... das war immer gut! Ich folgte ihm und dann war da noch einer ... da weiter weg. Noch ein Lichtpunkt. Ich ging immer weiter in den dunklen Wald, aber es tauchte ein Licht nach dem anderen auf bis ... aber da war ja mein Auto. Oh, wie war ich damals froh! Aber wer mir geholfen hatte, ich wusste es nicht ... Woher weiß ich, dass es noch einen Tomte nah bei mir gibt? Wie Ihr alles wisst, sitze ich im Rollstuhl, das ist nicht schön, geht aber wohl vorbei. Ich muss raus an die frische Luft! Da gehen wir also, Sigurd und ich, auf Rollispaziergang, irgendwann fällt ihm ein, dass er sein Handy im Auto vergessen hat! Das geht natürlich gar nicht, aber ich sage, dass ich allein klarkomme. Ich rolle so langsam weiter immer tiefer in das Gebirge ... rolle weiter, weiter und weiter... es ist kalt und feucht und auf einmal habe ich das komische Gefühl, dass mich jemand beobachtet. Diese hohen Felswände ... Geschichte überall, ja, aber jemand sieht mich ... ich fühle es! Mir wird ganz schwindelig ... sehe mich um, nein, ich sehe nichts als raue Wände, tiefen Wald, die alte Eisenbahnstrecke ist einsam!

Wo ist Sigurd, ich sehe ihn nicht mehr, alles sieht anders aus, eine graue Wand tut sich vor mir auf ... eine Höhle, es ist eisig kalt und ich rolle hinein ... ins Dunkel. Diese Höhle, wo kommt sie her, habe sie nie vorher bemerkt! Es geht weiter und tiefer ins Gebirge ... abwärts, wohin wohl die Höhle führt??? Es ist unheimlich, aber ich bin zu neugierig. Wie immer!

Ich verliere die Kontrolle über den Rollstuhl, es geht rasend schnell hinunter, hinunter ... bis ich an die Felswand knalle ... ganz benommen bin ich, aua, hab wohl den Kopf angeschlagen ... Stille! Auf einmal merke ich es, ich bin nicht mehr allein. Ein kleines graues Köpfchen taucht hinter der Felswand auf und alte, kluge Augen sehen mich unter der grauen Zipfelmütze an. Sein Bart ist lang und weiß. Ich bin ganz verstört und denke gar nicht mal, dass das jetzt nicht ganz normal ist!

„Du schon wieder“, sagt das Männlein. „Was, ich schon wieder? Kennen wir uns?“ „Ja, ja“, sagt er, „das tun wir, ich habe dir aus dem Wald geholfen, damals, als du dich verirrt hattet.“

„Ich erinnere mich, ja, aber das ist über 20 Jahre her", sage ich. „Haha, bei uns sind 20 Jahre wie ein Tag, ich bin übrigens Oskar, der Tomte von Simlångsdalen! Ich habe dich schon oft vor Unglück bewahrt."

„Ach, hast du das?" Mein Kopf arbeitet, die ganze Situation ist unwirklich, aber Oskar steht ja da tatsächlich vor mir. Das ist eben so und er redet mit mir. Wie viele Menschen können das von sich sagen? Dass sie einen echten Tomte getroffen haben? „Oskar", frage ich ihn, „wie alt bist du?" Da lacht er und antwortet: „Das, meine Liebe, würdest du mir nie glauben, aber jetzt musst du in die Wärme, sonst wirst du mir noch krank." Er ist viel kleiner als ich, aber manövriert den Rollstuhl noch weiter in den Berg. Schnell geht das und ruckzuck ist da ein Saal mit einem schönen warmen Feuer in der Mitte. Gemütlich hat er es, der Oskar. Holzbänke mit dicken Fellen, ein großes Bett mit rotkarierter Bettwäsche und ein Schrank mit gemalten bunten Blumen. Oskar serviert mir heißen Tee, der so gut schmeckt, dass ich ihn danach frage. „Ein Rezept meiner Mutter, Gott hab sie selig", sagt er. Es gibt auch Zimtplätzchen dazu, die so lecker sind, dass ich gar nicht aufhören kann, sie zu essen. „Die Menschen haben die Heilkunde vergessen, wie so vieles, zu vieles. Das Rezept vom Tee ist viele Tausend Jahre alt und er bewirkt viel Gutes. Man muss aber auch an das Gute glauben. Die Menschen wissen nicht mehr, was wichtig ist." Oskar scheint mir auf einmal sehr traurig. „Und leiser wird es auch nicht." „Oskar", frage ich, „glaubst du, dass ich wieder laufen werde, ich meine so wie früher? Ohne Schmerzen?" „Trink noch eine Tasse Tee", sagt er, „und glaube." So plaudern wir noch ein Weilchen, bis mir Sigurd einfällt ... Er muss ja außer sich sein vor Sorge, wo ich denn abgeblieben bin ... „Ach", sagt Oskar, „denk an die Zeit, es ist noch nicht eine Sekunde Menschenzeit vergangen." Und er schmunzelt dabei. Ich kann es nicht glauben, aber huxflux und so schnell, dass ich nicht weiß, was mir geschieht, sitze ich wieder auf dem Bahndamm. Oskar winkt mir noch, dann ist er weg. Sigurd kommt mir entgegen! „Na", sagt er, „was hast du gemacht?" „Ja, so dies und das, aber wenn ich dir sage, dass ich Oskar den Tomte getroffen habe und mit ihm Tee getrunken habe, würdest du es mir glauben?" Sigurd lacht. „Haha, den Tomte Oskar hast du also getroffen, ja, Fantasie hast du." Wir rollen langsam weiter und ich schaue mich um. Es ist so still wie immer. Ich denke, dass alles vielleicht doch nur ein Hirngespinst war ... fasse mir an den Kopf, die Beule ist aber echt. Als wir uns wieder dem Auto nähern, bekomme ich wieder dieses komische Gefühl, drehe mich um, nichts, nur Bäume oder ... Oskar schaut verschmitzt hinter einem Baum hervor, seine graue, gepunktete Zipfelmütze rutscht ihm über die Augen.

Das Buch wurde ganz wunderbar von einer schwedischen Künstlerin illustriert und herausgegeben. Es wurde ein voller Erfolg. Auf einen Schlag war Hanna nun Kinderbuchautorin und ihr Name in aller Munde. Buch Nummer zwei kam sechs Monate später heraus. Hier die Geschichte von Oskar und Al Capone:

Die Geschichte von Oskar und Al Capone!

Es war ein wunderschöner Herbsttag, die Sonne schien und ich kam gerade vom Krankengymnasten. Endlich hatte ich jemanden gefunden, der mir helfen wollte. Und Oskar hatte damals recht gehabt, Glaube kann Berge versetzen, ich war aus dem Rollstuhl raus. Ich parkte also das Auto, holte die Post aus dem Briefkasten und schloss die Haustür auf. Oh, wie war ich müde, es war ein anstrengender Tag gewesen und mein Rücken tat weh. Da, auf einmal, von nirgendwo her, kam ein roter Wirbelwind an mir vorbeigeflogen und geradezu ins Haus. Huxflux! Ich wusste gar nicht, was passierte, und kam nicht hinterher. Es war ein kleiner Kater und schnell war er. Aber dann stand er da im Flur, als ob er hierhin gehörte, und sah mich an. „Ja, wer bist du denn?“, fragte ich ihn gerade so, als ob er antworten könnte, und: „Wo kommst du denn her?“ Er war so goldig, dass ich ihn geradezu in mein Herz schloss. Ich hatte ja schon eine Katze, Lilly, so dass etwas Katzenfutter dastand. Der kleine Kater fand das Essen sofort und bediente sich. „Köstlich“, meinte ich auf einmal zu hören, aber das konnte ja nicht sein, ich war einfach nur müde. Mein Rücken, aua, ich musste mich wirklich hinlegen. Der kleine Kerl stand da und sah mich mit seinen großen Augen an. Scheu war er nicht, er schmiegte sich an mich und schwuppdiwupp waren wir beide eingeschlafen. Ich träumte von Oskar dem Tomte. Er stand vor mir und lachte so verschmitzt, wie nur er es kann. Wie immer rutschte die graue Zipfelmütze mit den weißen Punkten über seine Augen. „Ich habe jemanden von uns geschickt“, sagte er. „Für Sigurd! Er heißt übrigens Al Capone.“ Mit einem Schlag wurde ich wach und alles war mir klar. Al Capone kam aus dem Tomteland und er sollte bei Sigurd wohnen. Sigurd war mein Nachbar. Er lebte allein und hatte seinen Sohn verloren. Deshalb war er sehr traurig. Al Capone stand schon an der Tür und sah mich an, als ob er sagen wollte: „Tschüss, ich geh dann mal.“ Und schwuppdiwupp war er weg. Am nächsten Tag kam Sigurd mir freudestrahlend entgegen. Ein Freund war mit einem kleinen Kater gekommen, der Al Capone hieß, und hatte ihn gefragt, ob er bei ihm wohnen konnte. Mann, war ich froh! Al Capone lebte sich gut bei Sigurd ein, aber er war auch immer wieder auf Strunz, mal hier, mal da, und oft bei uns oder anderen Nachbarn. Der Gedanke kam mir, dass er so sorglos durch die Gegend marschierte wie ein Vagabund. Alle liebten ihn und ramtamtam ramtamtam gehörte ihm die Welt. Bis das passierte, was niemand von uns je erleben wollte. Al Capone verschwand! Er verschwand ohne die allergeringste Spur, ohne dass ihn noch jemand gesehen hatte, ohne irgendetwas, wie in Luft aufgelöst ... Es war schrecklich!!! Sigurd war verzweifelt und wir suchten alle nach Al Capone, riefen nach ihm, fragten alle Nachbarn, hängten Zettel an Bäume mit seinem Foto, aber alles blieb still, so furchtbar still. Al Capone blieb verschwunden.

Was war denn nur passiert, wir fragten es uns Tag und Nacht. Es wurde auch jetzt richtig kalt nachts. Wo war Al Capone, in Sicherheit oder in Gefahr? Hatte er zu essen, hatte er Wärme? Wir wussten es nicht und die schlimmsten Gedanken kamen langsam. Was wenn der Fuchs ihn geholt hatte? Oder der Wolf? Hatte ein Luchs ihn gefangen oder hatte ein Adler ihn aus der Luft erwischt? Die Tage schleppten sich dahin, wurden zu Wochen ... Nichts passierte! Da wurde es mir zu viel. Ich fuhr in den Wald, denn wenn es Al Capones Auftrag war, bei Sigurd zu sein, dann sollte Oskar wissen, dass er weg war. Nun ist es ja so, dass man nicht einfach in den Wald gehen kann und nach Oskar rufen, nein, so funktioniert das leider nicht. Die Tomte leben ja schon viel länger als wir hier, aber sie mögen keine lauten Geräusche, deshalb haben sie sich auch aus unseren Häusern zurückgezogen und wohnen jetzt nur noch in den tiefen, leisen Wäldern. Wir haben furchtbar viele Sachen angeschafft, die die Tomte nicht ertragen können, Autos, Fernsehen, Staubsauger, Föns, Mixer, Waschmaschinen, ja, Ihr wisst sicher noch mehr Sachen ... die Krach machen. Zwar war Oskar mein Freund und Helfer, aber er war keiner, der durch den

Wald ruft, auch zeigt er sich nicht jedem. Mich hat es Jahre gebraucht, die Tomte sehen zu können, und auch heute ist es noch sehr schwer, weil mein Kopf nicht frei genug ist. Denn nur wenn man ganz in sich halten kann, ganz still sein kann, Adleraugen hat, sieht man vielleicht auf einmal ein kleines Zipfelmützchen hinter einem Baumstamm hervorlugen. So wanderte ich immer tiefer in den dunklen Wald hinein. Es war mucksmäuschenstill. Nicht einmal einen Vogel hörte ich, nur meine eigenen Schritte. Ich sah mich um. Nichts! Es gab schon lange keinen Weg mehr und es war mühsam, über Stock und Stein zu klettern. Mir taten Rücken und Füße weh, fit war ich schon lange nicht mehr. Doch Al Capone war es mir wert. Ich hielt inne und setzte mich auf einen Stein. „Oskar", sagte ich laut und deutlich, „nun kann ich nicht mehr. Al Capone ist verschwunden und wir finden ihn nicht!" Ich wartete und wartete und sah plötzlich hinter dem Baumstamm da vorne, was lugte da hervor? Wenn das nicht Oskar mit seiner gepunkteten Zipfelmütze war. „Hallo", sagte er. „Hallo", sagte ich. Jaja, es war Oskar! „Wie lange bist du schon hier?", fragte ich ihn. „Haha, die ganze Zeit", sagte er, „ich dachte, es ist besser, dass ich auf dich aufpasse, sonst verläufst du dich nur wieder." Ich hätte es wissen müssen. Was ist bloß los mit Al Capone, wo war er nur, Oskar wusste es auch nicht! Aber er versprach mir, die Sache zu untersuchen! „Wie geht es euch hier im Wald?", fragte ich Oskar. Ach, er hatte Sorge, immer mehr Wald wurde abgeholzt und der Lebensraum der Tomte verschwand.

Die Tage wurden zu Wochen und bald war Al Capone sechs Wochen verschwunden. Wir hatten kaum noch Hoffnung, ihn je wiederzusehen. Sigurd war sehr traurig und wir wussten nicht, wie wir ihn trösten konnten. Bald war Weihnachten und ich wollte Sigurd fragen, ob er während der Feiertage auf meine Katze Lilly aufpassen könnte. Ich wollte die Feiertage bei Sarah verbringen. Sigurd wollte das, obwohl es ihn nur an Al Capone erinnerte, der weiter verschwunden blieb. Vorher begab ich mich noch einmal in den Wald und diesmal sah ich Oskar fast gleich. Er winkte mir aus einer Höhle zu!

„Alles wird gut", rief er. „Ich habe Al Capone ausfindig gemacht und er ist auf dem Weg nach Hause." Oh Gott, war ich froh, welch eine Erleichterung. Mir rollten die Tränen übers Gesicht. Oskar erzählte mir, dass er Al Capone im Feenland gefunden hatte. Da hatte er sich unbekümmert sechs Wochen lang von den Feen umsorgen lassen, groß war er auch geworden, der Streuner. Aber wie war er überhaupt ins Feenland gekommen? Al Capone kletterte immer gern in den Bäumen herum. Hoch und runter bis an den obersten Ast. Manchmal hatten wir Angst, er würde herunterfallen, aber er war ein sicherer Kletterer. Eines Tages hatte eine Fee die Tür im Baum nicht richtig verschlossen und schwuppdiwupp war Al Capone hindurchgeschlüpft. Die Feen wussten nicht, dass er ein Zuhause hatte, und ließen ihn bei sich wohnen. Doch nun war Schluss mit der Rumtreiberei. Ich bedankte mich bei Oskar und er winkte mir zum Abschied zu. Eine halbe Sekunde später war er weg. Man kann sagen, was man will, aber die Tomte sind schneller als Raketen.

Am späten Abend, ich wollte schon schlafen gehen, klingelte es an der Tür. Wer konnte das so spät noch sein? Es war Sigurd, er stand freudestrahlend da und rief: „Du wirst es nicht glauben, aber Al Capone ist wieder da!" Ich freute mich sehr mit ihm. Jetzt konnte Weihnachten kommen. Sigurd hatte seinen Al Capone wieder und alles war gut! Ich ging auf die Terrasse und sah in die dunkle Nacht hinein. Die ersten Schneeflocken rieselten durch die Luft. Alles war still. Aber ich wusste, dass ich nicht alleine war!

Auch dieses Buch wurde ein voller Erfolg! Endlich kam nun etwas Geld ins Haus und Hanna musste nicht mehr jeden Pfennig umdrehen. Der Kampf mit den Behörden ging jedoch weiter und ihre Gesundheit wurde dadurch nicht gerade besser. Immer Schmerzen und keine Besserung in Sicht. Das Schreiben machte ihr aber großen Spaß und ließ sie die Sorgen vergessen. Der Verlag ermunterte sie, ein drittes Buch zu schreiben. So kam es zu der Geschichte über den Sturm.

Der Sturm!

Ein Jahr geht schnell vorbei und es war schon wieder Dezember, ich hatte so manches Mal in diesem Jahr an Oskar den Tomte gedacht, aber gesehen hatte ich ihn nicht. Manchmal war es mir so vorgekommen, als sei er in meiner Nähe gewesen, aber sicher war ich nicht. Ich wusste ja auch, dass Tomtezeit nicht wie Menschenzeit gerechnet wird. Ein Tomtejahr sind 20 Menschenjahre. Ach, aber nun, wo es auf Weihnachten zuging, da fehlte Oskar mir und ich wollte ihm so gerne ein frohes Fest wünschen. Allerdings wusste ich nicht wie. Einen Tomte kann man ja nicht einfach anrufen oder ihm einen Brief schreiben. In der Nacht zum dritten Advent zog ein fürchterlicher Sturm übers Land, Bäume knickten wie Streichhölzer ab, Dachziegel flogen herunter, ja ganze Dächer wurden sogar abgedeckt. Nun machte ich mir doch ernste Sorgen um Oskar. Er wohnte ja im Wald. Auch wenn sein Heim in einer Höhle war, konnte mir das die Sorge nicht nehmen. So beschloss ich, ihn zu suchen. Es war ein schlimmer Anblick. Die entwurzelten Bäume lagen kreuz und quer in der Natur herum, übereinander und nebeneinander, so dass nirgendwo ein Durchkommen war! „Oskar", rief ich, „bist du da irgendwo?" Stille umgab mich. Kein Laut war zu hören. Ich versuchte, tiefer in den Wald vorzudringen, aber überall lagen die zersplitterten Bäume, so dass ich langsam nicht weiterwusste. Plötzlich verfing sich mein Fuß in einem Ast und ich flog in hohem Bogen auf den Waldboden! Ei, ei, das tat weh. Ich blieb sitzen, um nachzudenken. Typisch ich, mir auch noch wehzutun. Als ich so um mich herumblickte, meinte ich, ein graues Zipfelchen hinter einem Baumstamm in der Nähe zu sehen „Oskar", rief ich, „Oskar, ich habe dich gesehen." Da lugte er verschmitzt hervor. „Soll ich dich schon wieder retten?", lachte er. Es war tatsächlich Oskar. Solltet Ihr Euch jemals in einem schwedischen Wald befinden und ein Männchen sehen, das eine graue Zipfelmütze mit weißen Punkten darauf trägt, dann ist es Oskar. So eine hat nämlich nur er. Ich sagte Oskar, dass ich mir Sorgen um ihn gemacht hatte wegen des schrecklichen Sturms. „Das ist lieb von dir", entgegnete er, „und ja, es ist sehr viel kaputtgegangen." Er legte seine Stirn besorgt in Falten. Sogar der Eingang zu seiner Höhle war versperrt! „Es wird dauern, bis die Menschen hier aufräumen." Oskar und viele seiner Tomtefreunde hatten ihr Heim verloren. Ich wusste, ich musste ihnen helfen. Nun war guter Rat teuer! Oskar zeigte mir die schlimmsten Orte, an denen viele Bäume gefallen waren. Wie immer, wenn es für mich anstrengend war, wurde ich huxflux dahinbefördert und der Wind sauste mir um die Ohren. Gott sei Dank hatte ich meine dicke Bommelmütze auf. An einer besonders großen Grube lachte er auf einmal laut los. „Ja, sie kann uns sehen und will uns helfen." Ich sah in die leere Grube und fragte mich, mit wem Oskar da nur redete. Aber dann plötzlich sah ich sie alle! Einer nach dem anderen kamen sie hervor. Oskar erklärte es mir: „Nur wer uns gutgesinnt ist, kann uns sehen, und erst dann können wir auch ihnen helfen." Oskar stellte mich ihnen vor. Da waren Nisse, Anton und Klein-Edward. Sie alle hatten nun kein Zuhause mehr und waren tief besorgt.

„Ich werde den kaputten Wald fotografieren und den Behörden sagen, dass es so wirklich nicht aussehen kann." Oskar und seine Freunde klatschten Beifall. „Bravo, bravo", riefen sie. „Wir müssen es den anderen sagen, nun werden wir Hilfe bekommen." Oskar und Anton fassten mich jeder an einem Arm und schwuppdiwupp machte es, sauste mir um die Ohren und plötzlich waren wir noch tiefer im Wald. Ich wusste, dass die Tomte sich blitzschnell von einem Ort zum anderen bewegen konnten, aber dass sie sogar mich mitnehmen konnten, ja, das war schon ein Erlebnis! Schließlich wog ich sicher das Hundertfache von ihnen. Auf einmal sah ich noch mehr Tomte als Oskar, Nisse, Anton und Klein-Edward, ich sah sie überall ... Wie viele siehst Du auf diesem Bild? Oskar und seine Freunde diskutierten lautstark die Katastrophe, die der böse Sturm verursacht hatte. Ich versprach ihnen, alles zu tun, was in meiner Macht stand, um den Wald so schnell wie möglich aufzuräumen. Auch lud ich sie alle ein, Weihnachten bei uns zu Hause zu verbringen. Mal sehen, wer kommt. Essen gibt es reichlich und ich habe gehört, dass Tomte gern musizieren.

Das wäre doch vortrefflich. Der Tag neigte sich dem Ende zu und ich sagte, dass ich nun wieder nach Hause müsse. Oskar sah mich seltsam an. „Einen musst du noch treffen, das ist wichtig", meinte er. Und in diesem Augenblick sah ich ihn. Es war Eskil der Eisbär! Ich hatte von ihm in der Zeitung gelesen. Durch die globale Erwärmung verschwindet mehr und mehr von dem Polareis und der Lebensraum, in dem die Eisbären leben, verschwindet langsam. Eskil wurde auf einer Eisscholle von seiner Familie getrennt und trieb in Richtung Süden. Ein Flugzeug hatte ihn gesichtet, aber wieder aus den Augen verloren. Das Eskil in Schweden an Land trieb und von den Tomte aufgenommen wurde, da bin ich mir sicher, das wusste niemand. Nun, von Eskils Abenteuer hoffe ich ein andermal erzählen zu können, ich werde ihn bitten, mir alles haarklein zu erzählen. Schwuppdiwupp hatte Oskar mich zurück zu meinem Auto befördert. Ich finde, wie die Tomte das machen, ist doch sehr bequem, einfacher als U-Bahn, Bus, Zug, Auto, ja sogar Flugzeug. Tomte müsste man sein ...

Den Tag darauf besuchte ich die zuständigen Behörden und versuchte, sie zu überzeugen, den Wald schneller aufzuräumen. Der Beamte sah mich seltsam an. „Warum ist Ihnen denn daran so gelegen? Da wohnt niemand und diese Ressourcen haben wir im Moment nicht. Wir müssen uns auf die Gebiete konzentrieren, in denen Menschen wohnen." Ich sah meine Felle wegschwimmen. „Ja", entgegnete ich und hielt meinen gestauchten und dick umwickelten Fuß hin, „aber Leute gehen da spazieren, Sturm hin oder her, und können sich verletzen, genau wie ich es getan habe. Das ist keine gute Werbung für die Waldpflege der Gemeinde." Wieder sah mich der Beamte seltsam an. „Nun gut", sagte er, „ich werde das Notwendigste veranlassen." Ich war sehr froh darüber! Als ich am 22. Dezember zum Briefkasten ging, am Baum im Garten vorbei, erschien mir irgendetwas vertraut ... Ja, es war Oskar! Ich sah die Spitze seiner grauen Zipfelmütze. „Oskar, du brauchst dich hier nicht zu verstecken", sagte ich, „es sieht dich keiner, nur ich. Die Menschen hier haben den Kontakt zu euch verloren." Da ging die Nachbarin mit dem Hund vorbei und fragte sich wohl, warum ich mit meinem Baum redete ... aber ihr Hund sah mich an und ja, das glaubt ihr mir vielleicht nicht, aber er nickte mehrmals. Tiere und Tomte sind eben die besten Freunde. Oskar zog bei uns ein und seither ist keine Kerze vergessen worden, keine Tür in der Nacht offengeblieben und Lilly, unsere Katze, ist glücklicher denn je.

Auch dieses Buch wurde liebevoll illustriert und herausgegeben. Hanna war selig. Endlich hatte sie den richtigen Platz im Leben gefunden. Zumindest was ihre Arbeit anging. Sie war trotz ihrer Handicaps aber immer noch nicht zur Behindertenrente berechtigt. Offiziell also arbeitslos. Das bedeutete, dass sie jeden Monat eine gewisse Anzahl Bewerbungen aufweisen musste und auch Kurse absolvieren. Bei einem dieser Kurse traf sie auf einen Kursleiter, der ihr irgendwie bekannt vorkam. Wo hatte sie ihn bloß schon einmal getroffen? Es fiel ihr nicht ein. Erst bei dem zweiten Treffen und als sie genau zuhörte, fiel es ihr wie Schuppen von den Augen. Er erzählte von seinem Hintergrund. Dass er gelernter Koch war, jedoch nie in dem Beruf gearbeitet hatte. Er hatte Fußball gespielt, sogar als Profi in England. Später die lokale Fußballmannschaft gecoacht. Der Mann war tatsächlich Leo, der süße Leo, der sie vor mehr als 30 Jahren getröstet hatte und ihr Praktikant in der Küche gewesen war. Sie konnte es nicht glauben. Auf der Straße hätte sie ihn nie erkannt. Er sie übrigens auch nicht. Zumindest ließ er es sich nicht anmerken. Sie musste innerlich lachen. Was so aus Menschen werden konnte. Er, der damals total durchtrainiert gewesen war, den Traumbody gehabt hatte, war jetzt dick. Bierbauch, das Gesicht aufgedunsen, das graugesträhnte Haar fettig und zu lang. Naja, die Jahre gingen an niemandem spurlos vorbei. An ihr auch nicht. Aber er hatte einen bequemen Job, der auch gut bezahlt zu sein schien. Zumindest der

Markenkleidung nach zu deuten und dem teuren Audi, den er fuhr. Sie traf ihn nur diese beiden Male, dann kam ein anderer. Hanna war es recht. Vergangenheit war Vergangenheit und so sollte es auch bleiben.

Wie immer, wenn es um David ging, erfuhr sie es aus den Medien. Der Gitarrist von Blue Moon befand sich auf Tournee in Kanada, als er plötzlich zusammenbrach. Er hatte einen Herzinfarkt erlitten. Sie hatten sein Leben nicht retten können. Sie hatten wieder sporadisch Kontakt gehabt. Nach über 15 Jahren. Das war die Schuld der sozialen Medien. Sie las seine letzte Mitteilung auf Messenger. „Beautiful darling Hanna. You are the one person most important in my life. I have never, never, never forgotten you and never did I have something so meaningful in my life like I had with you. Forgive me for everything! If I could only hold you in my arms one more time."

Er hatte noch ein Kind bekommen, war aber auch von dessen Mutter wieder getrennt. Es half alles nichts. Hanna weinte. Sie hatte ihm nicht geantwortet. Warum nur? Nun war es zu spät. Im Herbst bekam sie einen Anruf von Davids ältester Tochter. Sie hatte die Sachen ihres Vaters sortiert und dabei Briefe und Fotos gefunden von einer Frau, die ihr völlig unbekannt war. Weder ihre Mutter noch sonst jemand wusste etwas, aber die Band. Bob und die anderen erinnerten sich natürlich an sie. Bei der Testamentseröffnung zeigte sich, dass David ihr eine Summe Geld vermacht hatte. Kein Vermögen, aber wenn sie es klug anlegte, konnte sie von jetzt an ruhiger schlafen. Sie bekam die Fotografien und ihre Briefe in einem Päckchen. Hanna fuhr ans Meer und setzte sich in die Dünen. Sie ließ ihren Tränen freien Lauf. Thank you, David! Und wie immer, wenn sie hier war, streifte Adrien ihre Seele. Vielleicht sollte sie endlich die Reise nach Île de Ré machen. Das Geld dazu hatte sie ja nun.

Kapitel 7

Hanna sah sofort ein, dass sie das schon vor vielen Jahren hätte machen können. Sie hatte sogar etwas von einer Rechercheexpertin. Hatte schon viele Rätsel gelöst. Aber nicht einmal in diesen fast 40 Jahren hatte sie seinen Namen gegoogelt. Nicht ein einziges Mal! Etwas über den Unfall und die Umstände zu erfahren, etwas von seiner Familie auf Île de Ré, etwas über die Maillé Brézé. Nein, das hatte sie nicht getan. Es durfte nicht berührt werden. Es tat immer noch weh. Aber es war auch schon sehr lange her und nun wollte sie sich der Geschichte stellen. Es war ein Teil ihres Lebens, hatte sie geprägt. Hatte sie fast zerstört! Aber Adrien hatte bei Hanna Heldenstatus und das in jeder Beziehung. Was dann passierte, war ein Schock! Sie saß im Auto und wartete auf Rebecca, die in der Gärtnerei einkaufen war. Hanna liebte diese Gärtnerei zwar, aber sie hatte heute Schmerzen und schaffte es einfach nicht mitzugehen. Dann fiel es ihr einfach so ein, aus heiterem Himmel! Sie starrte auf ihr Handy und saß da wie vom Donner gerührt. Wer bitte war das, der sie da so putzmunter auf dem LinkedIn-Konto ansah? Diese Augen, sie erkannte ihn sofort. Diesen Mann mit einer Augenfarbe von weißblaugrau schäumender Gischt, sich verändernd in leuchtenden Nuancen. Sein Name war Adrien Vien. Kam ihr äußerst bekannt vor. Älter, ja, aber das waren sie alle, die Augen, der Schnurrbart, die Ohren, die Haare etwas dünner, aber es war eindeutig Adrien. Kein Zweifel. Nicht im Geringsten. Er sah gut aus, aber sein Gesichtsausdruck war sehr ernst. Sie träumte davon, ihn lächeln zu sehen, ja, sie konnte es sogar geradeso vor sich sehen. Er lächelte sie an. Die Sehnsucht ihn zu sehen, stellte sich unmittelbar ein! Herrgott im Himmel, er lebte. Hanna wurde schlecht! Was war damals passiert??? Wer hatte angerufen? Hatte er jemals ihre Briefe erhalten? Wer war der Schurke in diesem Spiel? Er selbst? Hatte er jemanden mit dem Anruf beauftragt? War er nur ein Trophäenjäger, der sie leicht wieder loswerden wollte? Hatte er sie verraten, verlassen und im Stich gelassen?

Nein, nicht Adrien, niemals. Was in dieser Nacht damals passiert war, war ehrlich und echt gewesen. Hanna konnte sich an dem Foto nicht sattsehen. Wie war sein Leben verlaufen? Er war der Marine treu geblieben, hatte Karriere gemacht. Aber war er glücklich, hatte er eine Frau, die ihn liebte, Kinder? Die Informationen im Internet waren spärlich. Tausende Fragen, auf die es mal wieder keine Antworten gab. Vielleicht war es darum gegangen, dass sie Deutsche war. Man wusste nicht, was damals im Krieg alles geschehen war. Dieser sinnlose, schreckliche Krieg war immer noch nicht von allen vergessen. Ob seine Eltern je eine Deutsche als Schwiegertochter akzeptiert hätten? Dass sie Deutsche war, hatte er nicht von Anfang an gewusst. Er hatte angenommen, sie sei Schwedin. Adrien, Adrien, Adrien, Adrien? Was für ein Mensch war er geworden, war er immer noch sanft und gefühlvoll, oder hatte ihn das Leben anders geprägt? Wer war dieser Mann eigentlich und was war sie für ihn gewesen? Sie hätte damals nach Brest fliegen sollen, ja genau, das hätte sie tun sollen. Verdammt! Auf dem Kai stehen, als die Maillé Brézé nach Hause kam. Und Adrien auf letzter großer Fahrt mit ihr. Sie stellte sich die Szene vor! Es wäre wieder filmreif gewesen. „Hätte" und „sollte" halfen hier jetzt aber nichts mehr. Der Zug war abgefahren. Aber er lebte, das war erst einmal das Wichtigste, alles andere würde sich ergeben. Nun, wo sie in einem anderen Zeitalter lebte! Im Zeitalter von Information und sozialen Medien. Aus alter Gewohnheit machte sie ein Bildschirmfoto, von ihm und seinem Profil. Von all seinen Informationen, seinem Werdegang, er hatte es bis zum Major geschafft, nicht schlecht. Es war ihr siebter Sinn. Denn am Tag darauf kam der nächste Schock. Er hatte sein Konto auf LinkedIn gelöscht. Hatte er gesehen, dass SIE ihn gefunden hatte? Das wäre absolut lächerlich! Oder hatte er vor etwas Angst? Wovor? Wohl kaum vor ihr. Sie würde immer nur sein Bestes wollen! Ein seltsamer Gedanke kam ihr. Konnte es sein, dass er sie beschützen wollte? Aber warum nur und vor wem? Oder war es reiner Zufall gewesen? Jetzt reicht es, dachte Hanna, was soll der Mist? Ich schreibe das Buch, und zwar in Rekordfahrt. Je älter sie wurde, desto klarer wurde ihr auch, dass sie etwas unternehmen musste. Ihre Gesundheit ließ nach und alle ihre Verflossenen außer Jonas waren tot. Sie waren nach und nach gestorben. Adrien war der Einzige, von dem sie dachte, er sei tot, aber war es nicht. Welche Ironie. Hannas Leben hatte sich in zwei Teile gespalten, vor dem Unfall und danach, genauso wie vor Adrien und danach. Das junge Mädchen voller Träume, Liebe und einem glücklichen Leben. Das Gefühl, das sie mit Adrien erlebte, hatte sie nie wieder verspürt. Der Richtige war nicht dabei gewesen. Jetzt war sie müde, zu lange hatten Schmerzen ihr Leben diktiert. Sie hatte die Kontrolle über ihr Leben verloren. Es rann an ihr vorbei. Sie wollte es niemandem erklären, zog sich zurück. Wer konnte es auch verstehen? Alles war kaputt. Ihr Körper, ihre Seele. Nicht nur die Schäden, auch das Alter nahmen sich ihr Recht. Was sollte nur daraus werden. Aber eine Aufgabe hatte sie noch. Er sollte wissen, dass sie ihn nie vergessen hatte.

Am Abend kam Sigurd kurz vorbei und sie tranken eine Tasse Tee. Hanna hatte ihm nie von Adrien erzählt, aber nun tat sie es. Die ganze Geschichte. Sigurd konnte sich sogar an die beiden großen Kriegsschiffe erinnern, die 1987 im Hafen gelegen hatten. Als Hanna ihm den Part erzählte, wie Adrien sie auf das Schiff geholt hatte, lachte er. „Das ist ja wie in dem Film, Ein Offizier und Gentleman'. Wir wollten uns damals auch die Schiffe ansehen, aber da war ja kein Durchkommen, da haben wir lieber ein Bier bei Harrys getrunken. Ihr wart bestimmt ein schmuckes Paar, er in Uniform und du als junges hübsches Mädchen." Hanna wischte sich eine Träne aus dem Auge. „Ja", antwortete sie, „das waren wir." Sie bereute, damals keine Kamera mitgenommen zu haben. Es gab kein gemeinsames Foto von ihnen. So ein Foto, in dem sie sich ansahen, wie nur Verliebte es tun konnten. Ein Foto mit der Maillé Brézé oder am Strand von Ljunga. Wie traurig. Aber sie hatten anderes im Kopf gehabt und die Zeit war knapp gewesen. In den Jahren später hatte sie oft den Weststrand besucht, von wo man den Hafeneinlauf und den Leuchtturm sehen konnte. Vieles hatte sich im Laufe der Jahre verändert. Der Hafen expandierte, sogar eine Fähre gab es nun, die nach Grenå in Dänemark fuhr. Auch in Grötvik, wo die Maillé Brézé einst am Horizont entschwunden war, verbrachte sie so manche Stunde. Jedes Mal kamen ihr die Tränen und die Frage rumorte in ihrem Kopf, was damals wirklich geschehen war. Ausgerechnet nach dem Unfall, als sie nicht mehr mobil war, setzte die Stadtverwaltung von Halmstad eine Wegschranke auf, die jedes Durchkommen, außer zu Fuß, verhinderte. Sie schrieb die zuständige Behörde an, ob es für sie irgendeine Möglichkeit gab, an den geliebten Platz zu kommen. Die Antwort war einfach. Nein, es gäbe ja andere schöne Plätze, die sie besuchen könne. Aber darum ging es ja nicht, sondern für sie nur um Grötvik. Hatte man ein Handicap, wurde man sowieso gern benachteiligt und diskriminiert. Andere Lieblingsplätze wie an den Torvsjö konnte sie auch nicht mehr besuchen, auch da wurde eine Schranke installiert. Warum nur, fragte Hanna sich, und warum gab man Menschen mit einer Gehbehinderung keine Chance, da je wieder hinzukommen? Sogar den Behindertenausweis hatte man ihr wieder entzogen, die zuständige Ärztin ließ sie im Stich, sie könne ja ein bisschen laufen, unter welchen Schmerzen wurde nicht hinterfragt. Damit schrumpfte ihre Freiheit enorm. Sie konnte nicht mehr auf den Behindertenparkplätzen parken und wenn es irgendwo voll war, musste sie aufgeben. Sie wurde zum Einsiedler. Schweden kurz und knapp.

„Sigurd, ich werde Adrien aufsuchen." „Dann unterstütze ich dich natürlich dabei." Er wusste, dass es ihr nicht gut ging. „Du bist immer noch eine tolle Frau, lebe." Seine Worte munterten sie auf und sie hatte ihr Elend satt. Schlaf gut, Hannchen, träum von deinem Prinzen. Sie wusste, dass sie ihm die Schmerzen und ihren Entschluss, diese nicht nur mit Tabletten zu betäuben, sondern auch mit Alkohol, nicht vorenthalten konnte. Es war ihr unangenehm in diese Abhängigkeit geraten zu sein. Aber sie schämte sich nicht dafür. Die Hilfe, die sie gebraucht hätte, hatte sie nie bekommen. Nun, da sie ihn endlich gefunden hatte, sollte es kein Stäubchen Verstellung geben. Es war ihr Leben und es würde kein zweites geben. Er hatte es mitgeprägt, aber er trug keine Schuld. Nein, das tat er nicht. Sie wollte auch nicht in sein Leben einbrechen und stören. Aber sie musste eines wissen: Was um Gottes willen war damals wirklich geschehen? Wie so oft in ihrem Leben geschah dann etwas, das wie eine Bombe aus heiterem Himmel in ihr Leben platzte. Sie dachte, warum gerate ich immer in diese Situationen? Ernsthaft, warum? Ich habe nichts davon jemals für möglich gehalten.

Der Brief kam von einem Anwalt in München. Ihr Bruder hatte ihn beauftragt. Nachdem Hanna schon seit vielen Jahren im Ausland lebte, wollte er ihr nach dem Tod der Eltern den rechtmäßigen Teil des Erbes nicht auszahlen. Schließlich hatte er sich im Alter um sie gekümmert. Was er aber auch bezahlt bekommen hatte. Der Brief nahm ihr alle Kraft. Ihr lieber, süßer Bruder respektierte das Testament nicht und wollte sie recht und schlecht betrügen. Er wusste doch, dass sie nicht viel hatte. Seine Frau hatte immer genug Geld gehabt, sie hatte eine Putzfrau, die neuesten Kleider, regelmäßige Friseur- und Massagebesuche, Kino und Theater, Essen. Sie hatte nie Sorge getragen, die Kinder satt zu bekommen, so wie Hanna. Nein, ihre Kinder waren ewige Studenten und hatten das Arbeiten nie gelernt. Flotte Urlaube dreimal im Jahr, ein tolles Haus und zwei neue Wagen. Genau, er wollte ihr das kleine Erbe streitig machen. Blut war doch nicht dicker als Wasser. Was ihn dazu bewegt hatte blieb ihr für immer ein Rätsel. Wie konnte man nur so gierig sein? Nichts davon würde er einmal mitnehmen können. „Das letzte Hemd hat keine Taschen“, hatte ihre Oma immer gesagt. Der Krampf setzte unmittelbar ein und die nächsten Stunden verbrachte Hanna auf der Toilette, wie so oft.

Kapitel 8

Das Wetter ließ an diesem Tag im Juni nichts zu wünschen übrig. Der Wind, der vom Meer herüberwehte, war lau und angenehm. So hatte sie es in ihren Träumen erlebt. Trotzdem krampfte sich Hannas Magen zusammen. Sie musste aufpassen, denn über die Jahre war sie für alle Arten von Stress empfindlich geworden. Die Schmerztabletten lagen in der Handtasche. Das Taxi wartete schon vor dem Hotel, in dem sie in La Rochelle übernachtet hatte. Sie war schon seit Langem nicht mehr gut zu Fuß. Sie checkte aus, denn wie dieser Tag auch immer verlief, sie würde auf Île de Ré übernachten. Es ließ sich bestimmt etwas finden.

Die Adresse hatte sie die ganze lange Zeit wie einen Augapfel bewahrt, es war nämlich das Letzte, was er ihr vor dem Abschied zugesteckt hatte. Das Papier war dünn und gelblich geworden. Seine Schrift kaum mehr zu lesen. Es ist ja im Grunde das Einzige, was sie von ihm hatte, außer der Postkarte aus Kopenhagen und seiner Kette. Es war nicht weit, bald fuhren sie über die Brücke Pont de 'Île de Ré. Wenn er jetzt nicht da wäre, würde sie sich geradewegs im Atlantik ertränken.

Hanna versuchte, sich zu entspannen, aber es gelang ihr nicht. La Flotte lag am Anfang der Insel und nach ein paar Minuten waren sie da. Sie hatte dem Taxifahrer erklärt, etwas vor der besagten Adresse stehenzubleiben. Er hielt an und zeigte mit der Hand auf ein weißes, etwas schiefes Haus mit hellblauen Fensterläden. Eine rote Kletterrose rankte daran empor. Sie sah ihn sofort. Er saß tatsächlich auf der Bank. Genauso, wie er es ihr vor 40 Jahren beschrieben hatte. Der Taxifahrer öffnete die Tür und Hanna stieg aus. Die dunkle Sonnenbrille gab ihr Sicherheit. Er wusste ja nicht, wie sie heute aussieht. Adrien wandte den Kopf zu ihr, Taxis kamen hier nicht oft hin. Eine Frau mittleren Alters stieg aus, er blinzelte. Sie blieb kurz stehen und sah zu ihm hin. Kann es möglich sein? dachte er. Kann es Hanna sein? Er hatte ihren Brief hundertmal gelesen, ja, er lag sogar in diesem Moment in der Tasche seiner Jacke. Sie wollte nach Île de Ré kommen und ihn besuchen, ob er denn da sei? Adrien konnte es nicht fassen. Sie hatte ihn also nicht vergessen. Er hatte sofort geantwortet, eine Mail gesendet: „Ich bin hier und ich warte auf Dich."

Hanna las Unglauben in seinem Blick. Sie schob den Trolley vor sich hin und marschierte geradewegs an ihm vorbei. Adrien sah ihr enttäuscht nach. Einen kurzen Augenblick hatte ihn die Hoffnung durchrieselt. Sie war es nicht. Dabei hatte diese Frau doch so eine angenehme Erscheinung. Er sah ihr nach. Schade! Nach ein paar Metern blieb die Frau stehen und ließ den Trolley los. Sie fing an rückwärtszugehen, ihr blondes Haar wippte dabei hin und her. Sie hinkte etwas, es sah zweifellos instabil aus. Er hatte Angst, dass sie fallen könnte. Aber sie machte einen Schritt nach dem anderen. Bei seiner Bank angekommen blieb sie stehen und setzte sich neben ihn. Zu gerne hätte Hanna sein Gesicht bei der Aktion gesehen. Am liebsten würde sie losprusten. Warum sie das gemacht hatte, war an ihm vorbeigegangen? Keine Ahnung! Es war ihr geradeso eingefallen! Bloß nur nie den Humor verlieren. Sie nahm die Sonnenbrille ab und blickte auf das Meer, den Atem anhaltend. Adriens Herz raste, aber er fing sich schnell. Sie war es! Hanna! Das liebe Gesicht, er erkannte es wieder. Sicher, es waren Falten dazugekommen, aber der schelmische Blick war derselbe. Leise berührte er ihre Hand, genauso wie damals. Wieder mal absolut filmreif, dachte Hanna. Das Herz schlug ihr bis zum Hals und die Schmetterlinge flatterten wie verrückt in ihrem Bauch. Es war absolut nicht selbstverständlich, dass sie sich nach all den Jahren noch mochten. Aber die Wirklichkeit übertraf das Märchen! „There you are", sagte er einfach. Die Spannung wich, Hanna lachte! „I am so sorry it took some time! That's just because I thought you were dead." „Woher wusstest du es jetzt?" „Google", antwortete sie. Google löste alle Probleme. Dann sahen sie sich an und dachten beide das Gleiche! „Du hast mir mein ganzes langes, verdammtes Leben lang gefehlt." Sie umarmten sich lange und fest. Wollten sich gar nicht mehr loslassen, das hatten sie schon einmal getan und es war nicht gut gewesen. Lange sahen sie sich in die Augen, hielten sich an den Händen, dann küsste Adrien sie sanft. Es war ganz und gar selbstverständlich. Hanna lächelte. Derselbe Mund, diese Augen, der gleiche Duft, sie erinnerte sich. Er gefiel ihr. Sie wusste nicht, dass er genau das Gleiche dachte. Eine Katze schnurrte um ihre Beine. „Gehört sie dir?", fragte Hanna. „Ja, das ist Chocó. Sie ist mir zugelaufen." Chocó war zuckersüß, gestreift wie ein kleiner Tiger. Dass er sich der Katze angenommen hatte, machte ihn sehr sympathisch. Hanna mochte Katzen sehr, sie hatte selbst auch immer welche gehabt. Adrien freute sich wie ein Schneekönig und wusste nicht richtig, was er tun sollte, also fragte er, ob sie einen Kaffee mochte. Das tat sie. Kaffee war immer gut. Er zeigte ihr das Haus. Es war nicht so groß, aber urgemütlich und hatte auch einen kleinen Garten. Er machte den Kaffee mit einem Perkolator. Heiß und stark. Genau wie sie es mochte. Sie saßen an dem kleinen runden Gartentisch. Er hatte Blumen und Gräser hier, vor allem viele wunderschöne Stockrosen. Auf einmal war es völlig selbstverständlich, dass sie hier mit ihm saß. Das Lächeln ging nicht mehr aus ihrem Gesicht. Er holte Orangenbiskuits aus der Küche. Ihre Lieblingssorte. Sie hatte ein gutes Gefühl.

Hanna wollte schnell den Kindern Bescheid sagen, dass sie gut angekommen war. Sie wählte Rebeccas Nummer und ließ den Lautsprecher an. Keine Geheimnisse! Es stellte sich heraus, dass er lieber Deutsch als Englisch sprach. Er sprach fast fließend. Woher er das wohl so gut konnte? Sie musste ihn später danach fragen. „Hallo, meine Süße, ich wollte dir nur sagen, dass ich jetzt bei Adrien bin. Alles ist gut." „Das freut mich, Mama, hab eine schöne Zeit", antwortete sie. „Danke, dass du dich um alles kümmerst. Sagst du bitte Adrien auch Bescheid?" „Mach ich, Mama, tschüss und unbekannterweise liebe Grüße." Adrien stutzte, sah sie an. Er überlegte einen Moment. Dann sagte er: „Wer ist Adrien?" „Er ist mein Sohn", antwortetet sie. „Hast du deinem Sohn meinen Namen gegeben?" „Ja", antwortet sie, „es sind Zwillinge. Rebecca und Adrien."

„Ich habe auch drei Engelskinder", sagte sie. „Das erste war dein Kind." Sie schwieg, sah, dass er das erst mal einsinken lassen musste. „Was sagst du denn da, Hanna? Bist du schwanger geworden? In dieser einen Nacht?" „In dieser einen Nacht, ja. Als der Anruf mit deiner Todesnachricht kam, bekam ich eine Fehlgeburt."

„Todesnachricht?" „Ja, jemand hat angerufen und gesagt, dass du auf dem Schiff einen Unfall hattest, den du nicht überlebt hast."

Sie sah, wie er plötzlich kämpfte, Tränen schossen ihm in die Augen. Es berührte ihn sehr. Er hatte sich immer nach einem Kind gesehnt. Jetzt war es zu spät. Er hätte sie damals nicht so schnell aufgeben sollen. Die Fassungslosigkeit stand ihm ins Gesicht geschrieben. „Hanna, wenn ich das alles gewusst hätte!" Hanna stand auf und umarmte ihn, er legte seinen Kopf an ihre Brust und weinte.

Ja, wenn er das gewusst hätte, was wäre dann gewesen? Wäre er zu Weihnachten gekommen, so wie er es vorgehabt hatte? Sie wären Eltern geworden. Wo hätten sie gelebt, in Frankreich, in Schweden oder gar Deutschland? Wären sie zusammen glücklich geworden? All das war lange vorbei und es gab keine Antworten! Das war etwas, das sie akzeptieren mussten. „Du bleibst doch jetzt hier?", fragte er. „Ja", antwortete sie schlicht. Der Abend wurde genauso gemütlich, wie er es ihr vor 40 Jahren versprochen hatte. Sie aßen in einem kleinen Restaurant direkt am Hafen, es hieß Le Saint Georges. Der Kellner begrüßte sie überschwänglich und musterte Hanna diskret, aber genau. Adrien sah es und entschuldigte sich gleich mit. „Ich gehe nicht so oft aus. Im Grunde nie." Er zwinkerte ihr zu. „Und schon gar nicht mit hübschen Frauen!"

Es gab fangfrischen Fisch und Schalentiere, dazu einen Wein der Insel. Von den Weingärten hatte er ihr damals schon erzählt. Der Soif d'Évasion Sauvignon war gut gekühlt und ganz ausgezeichnet.

„Ich konnte dir damals nichts anderes anbieten als den doofen Käse", sagte Hanna zerknirscht. Adrien lachte. „An den doofen Käse kann ich mich gar nicht so gut erinnern, aber es war mit Sicherheit der beste, den ich je gegessen habe. Weil ich ihn zusammen mit dir gegessen habe." Seinen Charme hat er nicht verloren, dachte Hanna. Kein Wunder, dass ich mich damals Hals über Kopf verliebt habe. „Der Wein ist sehr gut, Adrien, ist er von hier?", fragte sie. „Ja, wollen wir morgen in die Weingärten?", fragte er. „Und die Leuchttürme musst du sehen. We have to take a picture with both of us at the lighthouse and none of us at sea this time." Ja, ja, ja, sie wollten alles, alles nachholen, was sie versäumt hatten. Flanierten Hand in Hand im Hafen, als hätten sie nie etwas anderes getan. Sie gingen den Weg über die Mole zu dem kleinen Leuchtturm mit der grünen Kuppel, der an der Einfahrt vom Hafen in La Flotte stand. Zwar machte sich Hannas Knie bemerkbar, das damals bei dem Unfall zertrümmert worden war, und sie mussten immer wieder Pause machen. Aber an Adriens Arm war das kein Problem. Anders als vor 40 Jahren, als sie alleine über die windumtoste Mole von Halmstad geklettert war, um Adrien einen letzten Gruß zu schicken. Hanna stellte sich vor den Leuchtturm und schaute aufs Meer. Diesmal stach kein großes Kriegsschiff vor ihr in See und es war auch nicht bitterkalt. Im Gegenteil, eine laue, angenehme Brise umgab sie. Das Wichtigste aber war, dass sie nicht allein war. Adrien las ihre Gedanken und schlang von hinten seine Arme um sie. Hanna legte ihren Kopf an seine Brust. So standen sie eine ganze Weile, brauchten keine Worte. Es war wie ein Traum, aus dem man nicht erwachen wollte.

Später saßen sie auf der Bank und Hanna dachte an den Abend vor vier Jahren zurück, an dem sie erfahren hatte, dass Adrien lebte. Jedenfalls hatte er auf dem Profilbild von LinkedIn putzmunter ausgesehen.

So viel hatten sie sich zu erzählen, zu lachen und zu scherzen. Hanna brachte ihn mit ihrem trockenen Humor immer wieder zum Lachen. Er konnte sich nicht erinnern, wann er sich das letzte Mal so herzlich amüsiert hatte. Aber wer hatte Hanna damals angerufen? Wer hatte ihnen Böses gewollt? Sie wussten es beide nicht. Keiner ihrer Briefe hatte ihn erreicht. Er hatte gedachte, sie bereue, ihn getroffen zu haben, und Hanna hatte gedacht, er sei tot. Adrien hatte einen Verdacht, aber den wollte er lieber für sich behalten. Vielleicht hatte sein damaliger Vorgesetzter und späterer Schwiegervater eine Hand mit im Spiel gehabt. Alle von Hannas Briefen waren an ihn auf dem Schiff adressiert gewesen. Und die seinen hatte er auch vom Schiff abgeschickt, außer der Karte von Kopenhagen, die hatte er selbst beim Landgang in einen Briefkasten gesteckt. Und diese Karte war ja auch angekommen. Jedenfalls hatte sein Vorgesetzter seine Karriere gefördert, und dass er Clémentine, dessen Tochter, heiratete, war irgendwann selbstverständlich gewesen. Natürlich hätte es auch jemand anderes sein können. Viele seiner Kameraden hatten ihn damals mit Hanna gesehen, wie sie Hand in Hand durch das Schiff geschlendert waren. Vielleicht hatte jemand ihm das schöne Mädchen missgönnt. Er hatte nicht nur Freunde an Bord gehabt, das wusste er. Es waren ganz andere Zeiten gewesen und sie beide noch so jung!

Er erinnerte sich. Seine Verzweiflung auf der Maillé Brézé damals. Tränen. Die Leere, als er Hanna verlassen musste. Wie sie am Leuchtturm gestanden hatte. Die langen blonden Haare wehten im Wind. Sie stand still, ohne eine Bewegung, aber er war sicher, dass sie weinte, genau wie er. Sie fehlte ihm, ihre Wärme, ihr Lachen, ihre Zärtlichkeit, ihre Liebe, die sie ihm ohne Vorbehalt gegeben hatte. Ihre Nähe hatte ihm Ruhe gegeben, so wie er es nie zuvor gefühlt hatte. Geliebte Hanna, Hanna, Hanna ... Hatte sie seine Karte aus Kopenhagen bekommen? Dass er an Weihnachten nach Schweden kommen würde? Seine anderen drei Briefe, in denen er seine Liebe zu ihr beteuerte? Er hatte sie vom Schiff ausgeschrieben, aber bis jetzt keine Antwort von ihr bekommen. Das war ja auch in

Ordnung, da die Post vom und zum Schiff immer etwas länger dauerte. Er hatte auch versucht, sie mehrmals anzurufen, aber sie nie erreicht. Sie hatte bestimmt im Restaurant gearbeitet. Er war damals sehr traurig gewesen.

Als das Schiff in Brest anlegte und er auf den Kai sah, stand sie da. Ganz ruhig! Wartete auf ihn! Sie lächelte. Er lächelte zurück. Er hatte sie mit jeder Faser seines Seins vermisst. Alain sprach ihn an. „Hanna ist hier, Alain“, sagte er aufgeregt. Aber als er zurück auf den Kai sah, war sie weg, es war surreal. War sie nur sein Wunschtraum gewesen? Alain schüttelte den Kopf. „Mann, Adrien, hat es dich aber erwischt.“ Er war auf der letzten großen Fahrt mit der Maillé Brézé gewesen. Er fühlte sich stolz deswegen. Nun wurde sie aus dem Dienst genommen. Sie sollte desarmiert und später nach Nantes geschleppt werden, wo sie als Museum dienen sollte. Auf dem Kai in Brest warteten unzählige Menschen, um sie willkommen zu heißen. Eine Militärkapelle spielte. Als er die Gangway hinunter zum Kai ging, seinem Vorgesetzten folgend und an der Seite von Alain, griff ihn die Leere an. Warum antwortete Hanna ihm nicht? Wo war sie? Warum nicht hier?

Statt Hanna stand Clémentine dort an der Seite ihrer Mutter und begrüßte ihren Vater und danach auch Adrien mit einem Kuss auf seine Wangen. Er hatte sie ein paar Mal getroffen. Sie war die Tochter seines Vorgesetzten. Dunkles kurzes Haar, mager, nett, gebildet, aber ohne Wärme und Humor. Die perfekte Frau für eine Karriere. Hanna hätte ihn auf den Mund geküsst und sich an ihn gedrückt, dessen war er sich sicher.

Immer wieder sein Blick voller Zärtlichkeit und leise Berührungen. „Weißt du eigentlich, dass die Maillé Brézé jetzt ein Museum ist?“, fragte Adrien. „Sie liegt in Nantes.“ Ja, Hanna hatte es vor vier Jahren gelesen und dass sie am 1. April 1988 aus dem Dienst genommen wurde. Die Reise nach Schweden war ihre letzte gewesen. Aber Gott sei Dank hatte sie es dort noch hingeschafft. „Gehen wir hin und du zeigst mir alles noch einmal, genau wie damals?“ Das wollte er gern und im Stillen dachte er, wenn wir in der Messe sitzen, werde ich Hanna diesmal keine Kette geben, sondern etwas anderes. Das ist schon lange überfällig.

Langsam sank die Sonne im Meer. Er hatte recht gehabt mit den Farben, die die Inseln umgaben. Das Licht malte die weißen Fassaden puderrosa an. Im Grunde konnten sie es beide nicht fassen! „Morgen koche ich für dich“, sagte Adrien. „Gerne, und übermorgen ich für dich“, antwortete Hanna. Plötzlich wurde er ernst, nahm ihr Gesicht in seine immer noch so schönen starken Hände und küsste sie. Der Kuss schmeckte nach Meer, und mehr. Sein Schnurrbart kitzelte. Es machte ihr aber so gar nichts aus!

Sie liebte alles an ihm, sein markantes Kinn, die hohe Stirn, seine Hände, die feste Umarmung, aber am meisten, und was sie vom ersten Anblick umgehauen hatte, seine Augen ... „Komm“, sagte er und nahm sie bei der Hand. „Ich will nicht mehr warten.“ Ihre zweite Nacht zusammen! Nur lagen über 40 Jahre dazwischen. Diesmal hatten sie alle Zeit der Welt.

Das Haus war wunderbar rustikal, er hatte nie viel daran ändern wollen. Es erinnerte an das harte Leben auf der Insel. Aber die Möbel waren schön, passten so gut in diese historische Umgebung. Wände in Stein. Bilder von der Insel. Hanna mochte das alles sehr. Er hatte Geschmack. Das Schlafzimmer hatte einen offenen Kamin, in dem er Feuer machte. Eine einzelne rote Rose stand auf dem Sims. Dass er eine Rose dort hingestellt hatte, ohne zu wissen, dass sie heute kam, berührte sie. Was für ein Mann! Er öffnete eine Flasche Wein und goss ihn in schöne alte Gläser ein. Es war ein Amarone, ein älterer, ziemlich guter Jahrgang. Teuer. „This is no wine from here“, scherzte sie. „Are you sure?“ „Only for special occasions. Seit ich dich getroffen habe, gab es immer einen Amarone im Hause. Das hat niemand verstanden, ich als Franzose“, er lächelte, „ja, kannst du dir ja denken.“ Wieder dachte sie, was für ein Mann!

Er hatte sie also auch nicht vergessen. Hanna prostete ihm zu: „Santé ma bien-aimée." Der Wein taute Herz und Seele auf. Sie hatten beide viel zu lange gefroren. Dass sie beide alt geworden waren, Wehwehchen hatten, ein paar Kilos zu viel, Falten, Narben, graue Haare, nein, nichts von dem hatte irgendeine Bedeutung. Sie liebten einander wieder, hatten es vom ersten Augenblick an getan, und dem hatten all die Jahre nichts abtun können. Und wieder standen sie voreinander, sie nahm sein Gesicht in ihre Hände. „Tu es, mon premier." Wie vor 40 Jahren. Manche Worte vergaß man nicht in tausend Jahren. Er sah die Narbe, die sich quer über ihr Dekolleté streckte. Er strich sanft mit dem Finger darüber. „Was ist passiert, Hanna?" „Ein Busunfall. Zwei Menschen verloren ihr Leben. Ich hatte Glück. Schnittwunden, und mein Knie ist kaputt, aber ich lebe." Er küsste ihre Stirn, drückte sie an sich und sagte: „Da bin ich sehr froh drüber!"

Sie legten sich auf das Bett. „Ferme tes yeux." Ihre Lippen küssten zuerst seine Stirn, dann seine geschlossenen Augen, die Nasenspitze, wie ein Hauch seine Wangen. Ihre Zunge fuhr sanft über seine Lippen, öffnete sie, strich über seine Zungenspitze, sie ließ sich Zeit, es war ganz still, er war ganz still. Ihre Zunge drang tiefer in seinen Mund. Er konnte nicht mehr stillhalten ...

Seine Küsse auf ihrem Hals, sein Mund überall. Sie dachte nicht mehr an extra Kilos. Die aufgestaute Lust tat fast weh, aber sie ließen sich Zeit, genossen jede Berührung, hatten Angst, dass alles nur ein Traum sein könnte. Sahen sich immer wieder in die Augen, auch als sie sich liebten. Es ging alles etwas langsamer als früher, aber es ging, und sie genossen es beide sehr! Vollendendes Glück! Adrien legte seinen Kopf an ihre Brust und schlief sofort ein, sie lauschte seinen Atemzügen, als wären sie ein Weltwunder! Sie fuhr mit der Hand durch sein nun schütteres Haar, die grauen Strähnen machten ihn aber noch attraktiver. Er war ein Mann, der mit seiner Lebenserfahrung gewachsen war, genau wie sie. War nicht stehengeblieben und hatte sich nicht auf seinen Lorbeeren ausgeruht, nein, er war immer noch neugierig, genauso wie sie. Hanna konnte nicht schlafen, nicht in so einer Nacht! Tausend Gedanken. Ich habe versucht glücklich zu sein, in jeder meiner Beziehungen, habe immer alles gegeben. Hätte ich mir sparen können. Liebe kann man nicht lernen, erzwingen oder erkämpfen. Sie ist da oder eben nicht. Du bist der Einzige, der mir wahres, unvergleichliches und süßes Glück gegeben hat, auch wenn die Umstände uns damals nicht hold waren. Dieses Mal brauche ich nichts zu tun. Die Steine rollen einfach vor mir aus dem Weg. Mit dir ist alles so einfach. Mit dir ist Liebe und Glück das Natürlichste der Welt, ohne jederlei Verstellung. Wir können nichts anderes, als einfach nur glücklich zu sein. Hanna umschlang seinen Körper, küsste seinen Nacken und flüsterte: „Ich liebe dich, Adrien. Lass mich nie wieder gehen!" Als er später in der Nacht aufwachte, schlief sie fest. Ihre Hand war mit seiner verflochten. Da gehörte sie hin. Was in dieser Welt hatte sie je voneinander getrennt? Alles das war jetzt ohne Bedeutung. Er hatte sich ein für alle Mal entschieden. Von nun an waren sie eins, koste es, was es wolle. Im Morgengrauen lagen sie engumschlungen und waren einfach nur happy! Chocó lag zusammengerollt am Fußende. Sie hatte Hanna sofort bedingungslos akzeptiert. „Verzeih mir, Hanna!" „Es gibt nichts zu verzeihen", antwortete sie und lächelte. „Wie lange kannst du bleiben?" „Wie lange willst du mich denn hier haben?", konterte sie. Oh Gott, dachte sie, jetzt kommt sicher irgendetwas Komisches wie eine neue Frau, Geliebte, dass er eigentlich Männer liebt. Oder etwas anderes, was sie nicht wissen konnte ... wie oft war ihr das schon im Leben passiert. Aber seine Antwort war einfach! „Toujours et a jamais!"

Adrien servierte ihr den heißen Kaffee ans Bett. Hanna räkelte sich ausgiebig, sie lächelte. Er war für sein Alter wirklich noch fit. Ein Augenschmaus. Er hatte über 30 Jahre in der französischen Marine gedient, war immer noch durchtrainiert. Selbst hatte sie Baustellen, die nicht mehr zu reparieren waren. „Was wollen wir heute machen?", fragte er. „Die Insel erkunden?" „Ja", antwortete Hanna, „zeig mir die weiße Insel, deine Insel.

Es ist wirklich an der Zeit." Normalerweise fuhr man auf Île de Ré Fahrrad. Das war am einfachsten. Da Hanna das aber nicht mehr konnte, nahmen sie das Auto. Die Abbaye des Châteliers, eine Kirchenruine, lag ganz in der Nähe. Im 11. Jahrhundert hatten sich hier Zisterziensermönche niedergelassen. Sie fingen mit Weinbau und Salzgewinnung an. Das Kloster wurde während der Jahrhunderte mehrmals zerstört, die heutige Ruine stammte aus dem 14. Jahrhundert. Adrien nahm sie bei der Hand und sie spazierten durch die Ruine. Hanna hatte Geschichte immer interessiert. Sie las den deutschsprachigen Führer, den Adrien besorgt hatte. Eine laue Brise wehte vom nahen Meer herüber. Hanna lehnte sich gegen das alte Gemäuer, fuhr mit der Hand über die verwitterten Steine. „Überleg mal, Adrien, wenn diese Wände erzählen könnten, den Geschichten würde ich gern zuhören." Es war fast unwirklich für ihn, hier mit ihr zu stehen. Tausende Male war er an der Kirchenruine vorbeigefahren, nie stehengeblieben. Es war nur eine Touristenattraktion. Er nahm ihr Kinn in seine Hand und küsste sie. „Komm", sagte er, „wir haben heute noch viel vor."

Weiter ging es zu den Weingärten von Île de Ré. Er hatte drei ausgesucht. Le Domaine Arica, Domaine Pelletier und Vignerons Uniré. Da Hanna nicht gut zu Fuß war und von Schmerzen geplagt, wurden es kurze Besuche. Hanna kannte nur die Weinhöfe in Deutschland, an Mosel und Rhein. Diese Weingärten hier waren anders und hatten etwas gemeinsam, was faszinierend war, sie lagen alle nahe am Meer. Absolut magisch. Le Domaine Arica sogar so nah, dass man fast ins Meer hätte spucken können. Hanna dachte, dass diese Insel dem Paradies so nahe war wie sonst kein Platz auf der Welt. Dazu noch ein Traummann an ihrer Seite, der sie ganz wunderbar behandelte, war fast zu schön, um wahr zu sein. War es aber und das hatte sie Herrgott noch mal auch verdient. Adrien kaufte ein paar Flaschen Wein auf jedem der Höfe. Chenin, der einzige der hier angebaut wurde, Chardonnay, Sauvignon und natürlich auch einen Trousse Chemise blanc mit einer herrlichen strohgelben Farbe. Er hatte schon gemerkt, dass Hanna am liebsten Weißwein und Champagner mochte.

„Magst du Ziegenkäse? Es gibt eine Käserei in der Nähe. Wir könnten da auch noch vorbeifahren, wenn du magst." Hanna liebte Ziegenkäse. Sie freute sich schon auf den Abend, sie würden wieder doofen Käse zusammen essen. Das war vor 40 Jahren ja auch gemütlich geworden! Adrien war ein sehr aufmerksamer Gastgeber, las ihr jeden Wunsch von den Augen ab.

Die Käserei war ein Traum, das kleine Geschäft urgemütlich, Crèmerie Marianne. Es gab ganze elf Sorten. Käse, in Asche gewälzt, verschiedenen Pfeffersorten, Fenchel ... Du lieber Gott, dachte Hanna, jetzt bin ich im Käsehimmel. Sie probierten hin und her, entschieden sich gleichzeitig wie im stillen Einverständnis für dieselben fünf Sorten. Wie lustig, dachte Hanna, vielleicht passen wir ja wirklich zusammen. Und Adrien dachte, wo, wo warst du mein ganzes Leben? Er hätte sich ohrfeigen können, denn er hatte ja gewusst, wo sie gewesen war.

Abends genossen sie bei Kerzenschein Käse und Wein. Adrien servierte eine Spezialität der Insel, Pineau de Charentes. Er erklärte ihr, dass es frischgepresster Traubenmost war, der fertig gereiftem Cognac zugesetzt wurde. Das Ergebnis war ein goldener Aperitif mit fruchtigem Aroma, der zu dem starken Käse ganz ausgezeichnet schmeckte. Ein kulinarischer Traum sozusagen. Sie spielte das Lied „Iris" von The Goo Goo Dolls. Genauso fühlte sie jetzt. Dem Himmel ganz nah und sie würde jede Sekunde davon genießen.

Sie erzählte ihm von den Segeltörns mit ihrem Vater. Wie er frühmorgens bei den Fischkuttern Steinbutt oder Seezungen gekauft hatte, sie später in einer Bucht ankerten, mit dem Dingi an den Strand ruderten und die Fische grillten. So köstlich! Das zarte Filet unter der knusprigen Kruste. Diesen Geschmack vergaß man nie. Auch als sie nach schlechtem Wetter eiskalt waren und er warme Schokolade mit Rum gemacht hatte. Da wurde man vom Kopf bis in den kleinen Zeh warm und schlief himmlisch.

Es wurde spät und Hanna fröstelte es. Adrien sah es. „Ich hole dir was Warmes“, sagte er. Als er Hanna die Jacke um die Schultern legte und sie den schweren Stoff fühlte, wurde ihr klar, welche Jacke es war. Es war eine Jacke, durch die kein Wind drang, es war eine Jacke der französischen Marine. Diesmal liefen ihr die Tränen über die Wangen. Wie wäre ihr gemeinsames Leben verlaufen? Gut oder eher nicht? Hätten sie Kinder bekommen? Wären sie glücklich gewesen? Diese Fragen waren aber nicht relevant und eine Antwort würden sie nie bekommen. Sie sah ihn an, er sie, und sie wussten, dass sie auch so dankbar sein mussten. Was sie nachholen konnten, würden sie nachholen. Die ihnen verbleibende Zeit miteinander verbringen und dabei unendlich glücklich sein.

Adrien hatte ein kleines Boot im Hafen. Es war eine Holzjolle, schön und gepflegt. Eine kleine Kajüte mit dem Notwendigsten und Gott sei Dank auch eine kleine Toilette mit Vorhang. Sie schaute interessiert dahinter. „Das ist immer das Wichtigste, man weiß ja nie“, feixte sie. Hanna liebte das Meer über alles, sie sehnte sich nach diesem Ausflug. Sie legten ab unter Motor aus dem Hafen von La Flotte. Sein Ziel war Saint-Martin-de-Ré. Da gab es ein wunderbares Restaurant direkt am Hafen, sie musste nicht lange laufen. Es hieß Le Tout Du Cru. Es würde ihr gefallen, da war er sich sicher. Hanna schloss die Augen, als er den Motor abstellte und sie die Segel setzten. „Adrien“, lachte sie, „das ist wie im Himmel.“ Ein schöner Törn auf See, sie fragte ihn nach seiner Familie, die Eltern waren beide nicht mehr am Leben. Er hatte eine Schwester, die in Paris lebte. Das Elternhaus in La Flotte hatten sie vermietet. Er wollte es ihr später zeigen.

Gegen Mittag legten sie im Hafen Saint-Martin-de-Ré an und bekamen einen guten Platz nahe des Restaurants. Er hatte natürlich dieses Restaurant auserkoren, weil es für seine ausgezeichneten Austern bekannt war. Er war sich sicher, dass Hanna Austern liebte und sich freuen würde. Was er nicht wusste, war, dass gerade Austern Hannas großer Schreck waren. Dreimal war sie Austern essen gewesen und jedes Mal richtig krank geworden, einmal in der Bretagne so akut, dass man ihr den Magen auspumpen musste. Dank Thierry! Nein danke. Natürlich wusste sie, dass man nicht nach Île de Ré fahren konnte, ohne mit Austern konfrontiert zu werden, aber sie hatte keine Lust, diesen Viechern noch eine Chance zu geben. „Es tut mir leid, mon amour, aber ich esse keine Austern. Ich werde jedes Mal krank davon." Zuerst sah sie Enttäuschung in seinem Blick. Dann lachte er. „Ich mag die auch nicht besonders." Und nahm sie in die Arme. Ein zärtlicher Kuss! „Je taimé, Hanna!"

Das Restaurant war kunterbunt eingerichtet und urgemütlich. An den Wänden hingen allerlei Dinge, die alle mit dem Meer zu tun hatten, Fischernetze, Bojen, Holzschuhe, alte Fotos und Angelausrüstung. Auf den Tischen lagen Decken mit verschiedenen Mustern. Sie bestellten statt Austern eine Fischsuppe mit Rouille-Croutons und geriebenem Käse. Sie schmeckte ganz ausgezeichnet. Als Dessert bestellte Adrien noch eine Spezialität der Insel. Milchreis mit Karamell und Meersalz. Hanna hatte Hunger nach den Stunden auf dem Meer und genoss alles sehr. Vor allem Adriens Gesellschaft. Immer wieder sahen sie sich an wie verliebte Teenager. „Kannst du dir vorstellen, auch mal eine Zeit in Schweden zu verbringen?", fragte sie ihn. „Es ist im Sommer sehr schön." Sie zeigte ihm Bilder von Garten und Haus, den Kindern, die ja nun erwachsen waren. „Dein Garten ist wunderschön, es wird mir sehr gefallen. Das Haus ist auch gemütlich." Saunas waren ihm nicht so bekannt, aber er war neugierig, als sie darvon erzählte. Was mehr konnte man je verlangen. „Hanna, können wir nach Lynga fahren und uns in die Sanddünen legen, wie damals?" Manche Leben lebte man an einem einzigen Tag. Der Tag in Lynga damals war so einer gewesen. Er hatte ihrer beider Leben für immer verändert. Hanna wusste, dass sie den langen Weg durch den Märchenwald in Lynga nicht mehr laufen konnte. Es tat ihr weh, aber sie wollte es nicht sagen. Sie würden schon irgendwie hinkommen.

Seine Antwort war deutlich. „Ich kann mir jeden Platz auf dieser Welt vorstellen, solange du auch da bist.“ Sie würden sehen, wie die Zukunft sich gestaltete. Mal hier, mal da, und natürlich würde sich auch ein Alltag einstellen. Wie das Leben nun einmal ist. C’est la vie. Nur trennen würden sie sich nie, nie wieder.

Auf dem Heimweg kreuzten sie weiter hinaus aufs Meer, vielleicht wären Delphine zu sehen. Plötzlich wurde es kühler und Wolken kamen auf, das Wetter schlug so schnell um, wie es nur am Meer passierte. Adrien hatte alle Hände voll zu tun. Er bestand darauf, dass Hanna sich in die Kajüte setzen sollte. „Da kennst du mich aber schlecht“, antwortete sie. „Ich bleibe hier bei dir, basta, Ende der Diskussion.“ Es war das erste Mal, dass er sie aufbrausen sah. Sie sah sehr verbissen aus und er wollte keinen Streit. Das Meer brauste, der Wind fuhr ihnen um die Ohren. Gischt sprühte über das Boot. Adrien bat sie, die Pinne zu übernehmen. Sie hatte das auch schon am Vormittag gemacht und ihm erzählt, dass sie seit Kindertagen segeln konnte, genau wie er. Ihr Vater hatte es ihr beigebracht. Er hatte viele herrliche Törns im Mittelmeer gemacht, immer mit Hanna, oft auch mit ihrem Bruder Georg an Bord. Adrien erinnerte sie an ihren Vater. Er holt eine Öljacke für sie aus der Kajüte. Dann sicherte er sie und sich selbst mit einer Rettungsleine. Der Wind nahm zu. Sie kreuzten eine Weile, dann entschied Adrien, die Segel zu reffen. Wieder übernahm sie die Pinne, als er auf das Vordeck kletterte. Letztendlich holten sie die Segel ganz ein, es wurde langsam spät. Sie fuhren unter Motor und in Schweigen zurück. Als sie in La Flotte anlegten, war Hanna durchgefroren. Adrien umarmte sie und küsste ihre eiskalte Nasenspitze. Er bestand darauf, ihr ein Bad einzulassen. Dagegen hatte sie nun wirklich nichts. Das warme Wasser tat gut und das Lavendelschaumbad war wunderbar. Dass er sowas hatte. Aber mittlerweile wunderte sie nichts mehr, was diesen Mann anging. Angst, dass die Seifenblase zerplatzen könnte, hatte sie schon. Er klopfte an die Tür und kam mit einer Flasche Champagner, öffnete sie und goss ihr ein Glas ein! „Du verwöhnst mich“, sagte sie, „stell dir vor, ich gewöhne mich daran.“ Und sie zwinkerte ihm zu. „Dann hast du zu tun!" „Das hoffe ich, Hanna, das ist, was ich will." Er hatte ihr gegenüber ein schlechtes Gewissen. Sie hatte so hart in ihrem Leben gekämpft, er hatte es einfacher gehabt. Er ließ die Flasche stehen. Als sie aus dem Bad kam, nur mit seinem Bademantel bekleidet, und sich mit dem Champagnerglas aufs Sofa setzte, freute er sich. Sie hatte rosige Wangen und sah entspannt aus, im Gegensatz zu vorhin. „Ich habe uns einen warmen Toast gemacht, hast du Hunger?" Hatte sie, ein Tag auf See machte immer hungrig. Er wurde ernst. „Was ist aus deiner Kochkarriere geworden?" Darüber wollte Hanna eigentlich nicht so gerne reden, aber konnte es ihm auch nicht vorenthalten.

„Am Anfang lief alles ganz gut. Mein Chef hatte mich gefördert, ich hatte mich sogar für den nationalen Wettbewerb zum Koch des Jahres qualifiziert. Aber ich hätte den Beruf nie wählen sollen. Mit meiner Skoliose. Hab mich für andere zerschlissen. Gedankt hat es mir niemand. Dann kamen die Kinder. Jonas' Karriere war natürlich wichtiger. Dann kam die Scheidung, mein Leben als alleinerziehende Mutter. Zuletzt kam der Unfall. Darkness!

Und wie ist Ihre feine Karriere gelaufen, Herr Unteroffizier? Du hast es doch bis zum Major geschafft. Bravo! Da gehört doch was zu!" Er zuckte nur mit den Schultern. Hanna fragte sich, ob er das auch nur auf Kosten seiner Frau hatte machen können. Die hatte ihn nämlich verlassen, um sich selbst zu verwirklichen. Sie war aus gutem Hause, ihr Vater sein Vorgesetzter. Sie hatten ein gesellschaftliches und sehr geregeltes Leben geführt. Die Villa war groß und standesgemäß. Aber da sie nie Kinder bekamen, wurde es still in dem Haus. Die Marine war sein Leben gewesen und er hatte es weit gebracht. Nach der Rente war er zurück nach Île de Ré gezogen. In dem kleinen Haus seiner Großeltern fühlte er sich viel wohler. Hatte er an sie gedacht? Ja, das hatte er, hin und wieder hatte die Erinnerung an ihr liebes Gesicht seine Seele gestreift. Kurz vor der Hochzeit mit Clémentine hatte er Hanna noch einmal einen

Brief geschrieben. Er bekam ihn nach drei Wochen zurück mit dem Stempel „unbekannt, verzogen". Auch die Telefonnummer existierte nicht mehr. Da gab er auf. Die Marine hatte einen neuen Auftrag für ihn. Für diesen würde er sich voll einsetzen.

Adrien sah Hanna lange an. Sie hatte gekämpft, er auch, aber auf eine ganz andere Weise. Sie war so ganz anders als seine Exfrau. Trotz allem, was sie durchgemacht hatte, war sie warm, zärtlich, herzlich, lustig und großzügig. Nun wusste er, dass sie auch sehr bestimmt sein konnte, aber das machte ihm nichts aus. Sie brachte ihn mit ihrem trockenen Humor ständig zum Lachen. Und sie konnte rückwärtsgehen. Das hätte Clémentine nie im Leben gemacht. Hanna schmiegte sich an. Er konnte sich nicht erinnern, jemals so glücklich gewesen zu sein. Bis auf die drei Tage in Halmstad, damals im Jahr 1987.

Er roch so gut, nicht nach Major, der konnte ihr gestohlen bleiben, aber nach einem Mann, den sie wollte, und zwar jetzt sofort. Sie fuhr mit den Händen durch sein Haar, küsste seinen Hals. Knöpfte das Hemd auf, das hatte sie damals auch gemacht, und sie mochte es sehr, wenn sich sein breiter Brustkorb offenbarte. Sie lehnte den Kopf an ihn, suchte seine Brustwarzen, umspielte sie mit ihrer Zunge, bis er aufstöhnte. Ihr Mund wanderte über seinen Bauch, immer noch muskulös und straff, ganz im Gegensatz zu ihrem, aber das spielte keine Rolle. Hanna wollte nicht meckern, sie hatte nur wenige Falten, keine Krampfadern. Das war in ihrem Alter auch nicht selbstverständlich, nur ihr Körper machte nicht mehr richtig mit. Sie arbeitete sich zu dem Wesentlichen vor, öffnete den Gürtel, die Jeans, sein Glied sprang ihr entgegen wie ein warmes kleines Tier, das sein eigenes Leben lebte. Ihre Lippen umschlossen es, wieder stöhnte er auf. Sie hatte nur ein Ziel, er sollte vor Lust vergehen.

Am fünften Abend gingen sie aus. Ein kleines Restaurant am Strand, wunderschön gelegen. Es war nicht so weit, sie konnten mit Pausen dorthin spazieren. Es hieß Les Pieds dans l'eau. Was für ein toller Name, dachte Hanna, die Füße im Wasser. Ja, genau danach war ihr, mit ihm in der Abendsonne am Strand und den Füßen im Wasser. Ein lauer Wind wehte, sie liebte das Wetter auf der Insel. Sie nahm den Fisch des Tages, wie immer, sie vertraute den lokalen Köchen, dass sie den besten frischen Fisch anboten. Adrien war eher nach einem Stück Fleisch. Vor Fleisch nahm sich Hanna ja generell in Acht, es hatte ihr schon oft Probleme mit ihrer Diagnose Speiseröhrenkrampf bereitet. Davon wusste er allerdings noch nichts. Auch nicht von anderen körperlichen Sorgen und Schmerzen. Sie versuchte die Maske aufrecht zu erhalten was ihr aber nicht besonders gut gelang. Der Fisch war ausgezeichnet und Adrien war mit seinem Gericht auch sehr zufrieden.

Er bot Hanna ein kleines Stück an, damit sie probieren konnte. Sie wusste aus Erfahrung sofort, dass der Abend nun vorbei war. Zur Toilette und brechen, wenn's denn möglich war, atmen, wenn's möglich war, entspannen, wenn's möglich war, aber das war es nicht. Sie schickte ihm eine SMS, dass sie sich verschluckt hatte und nach Hause MUSSTE ... jetzt sofort. Er bestellte ein Taxi. Es war ihr sehr peinlich. Sie konnte nicht mehr reden. Zu Hause hing sie auf der Toilette und brach. Immer wieder, konnte kaum noch atmen. Letztendlich nur noch die eigene Spucke, die sie nicht mehr schlucken konnte. Die Angst stand ihm ins Gesicht geschrieben. „Hol mir bitte einen Eimer." Sie lag im Bett, war schwach und versuchte, ihn zwischen den Brechanfällen zu beruhigen, es kam nur noch Schaum. „Es tut mir so leid, dass du das sehen musst. Ist leider nicht so erotisch." Pause. „Aber es geht vorbei, weißt du. Morgen ist alles gut." Sie wusste, dass diese Krämpfe durchaus auch schon länger angehalten hatten. Sogar zwei bis drei Tage und sie völlig ausgetrocknet an den Tropf gemusst hatte. Das enthielt sie ihm aber. Es war nichts, worüber sie nachdenken wollte. „Jetzt weißt du, worauf du dich eingelassen hast. Ich bin nicht mehr die Frau von damals." Er hatte die große Sorgenfalte auf der Stirn. „Doch, genau die bist du. Hanna, chérie, ich liebe dich. Egal wie es dir geht. Wir stehen das gemeinsam durch. Was kann ich tun?" „Nichts", antwortete sie. „Ich muss nur ruhen." Und sie legte den Kopf auf das Kissen. Er streichelt ihren Rücken, wie es ihr schien, die ganze Nacht. Am Morgen schliefen sie beide fest. Cocó lag zusammengerollt neben Hanna und hatte ihre Tatze auf ihrem Arm. Es war alles wieder gut!

Kapitel 9

Die folgenden drei Wochen verbrachten sie in einem Glücksrausch und genossen jede Sekunde. Sie schlenderten Hand in Hand über den Markt und kauften frisches Gemüse und Fisch oder Schalentiere ein. Er war damit aufgewachsen, aber sie war vom Land. Sie hatte ihm von ihrer Kindheit erzählt, da gab es Forellen, Saiblinge und Renken aus dem See. Frische Schalentiere hatte sie nur auf den Segeltörns mit ihrem Vater kennengelernt. Jetzt wusste sie alles darüber. Dass sie als so junges Mädchen den Mut gehabt hatte, in ein unbekanntes Land zu ziehen, dessen Sprache sie nicht verstand, hatte ihm damals schon bei ihrer ersten Begegnung imponiert. Davor hatte er den größten Respekt. Es hatte sich herumgesprochen, dass er eine Frau bei sich wohnen hatte und diese offenbar keine Französin war. Île de Ré war eine kleine Insel. Die Leute grüßten neugierig und tuschelten. Er sollte sie wohl von früher her kennen, sagte man sich. Da hatte Alain wohl zu beigetragen. Er hatte Familie in Saint-Martin-de-Ré, wohnte jedoch selbst in Brest. Er wollte sie bald besuchen kommen. Adrien hatte ihm alles erzählt. Sie waren die Jahre über Freunde geblieben. Auch andere Freunde wollten alles über sie wissen. Es kam eine Einladung zu einer Gartenparty. Zuerst wollte Adrien nicht gehen, er wollte sie für sich alleine haben, aber Hanna freute sich, unter Leute zu kommen. Sie machte sich sorgfältig zurecht, er sollte sich mit ihr sehen lassen können. Das luftige Sommerkleid hat ein schönes florales Muster in blau-grün-türkis. Die blonden Locken, die sie sorgfältig blond bleiben ließ, hielt sie mit einem blauen Haarband zurück, das ihre Augenfarbe widerspiegelte. Die Fingernägel, die sie sonst eher kurz und ohne Nagellack trug, was in ihrem Beruf auch nicht anders erlaubt gewesen war, leuchteten jetzt in einem sommerhaften Korallenrot. Die Narbe an ihrem Dekolleté kaschierte sie mit einer schönen Muschelkette. Als sie die Treppe hinunterging, stand er da und sah sie erfreut an. „Hanna, du bist wunderschön!"

Erst wollte sie protestieren, besann sich jedoch. „Vielen lieben Dank“, antwortete sie und küsste ihn auf die Nasenspitze. Es war nicht so weit zu der Party, so dass Hanna darauf bestand zu laufen. Sie konnten ja jederzeit Pause machen. Mit dem Auto die kurze Strecke zu fahren, hätte komisch ausgesehen und Hanna hatte keine Lust auf Erklärungen. Heute wollte sie einfach nur ganz normal sein. Sie liebte die engen Gassen mit den bunten Fensterläden, Stockrosen, Lavendel und Bougainville. Der Ort war ein altes, aber wunderschönes Haus eines seiner besten Freunde. Die beiden kannten sich noch aus der Schulzeit. Ein eisernes, hohes Gartentor mit zwei Flügeln führte in den Hinterhof. In der Mitte lag ein Wasserbrunnen, rundherum mit Sommerblumen bepflanzt. Es war eine grüne Oase. Stockrosen, Gräser wie Miscanthus, Hibiskus und Zitronenbäume in großen Terrakottatöpfen. Einfach nur wunderschön und geradeso nach Hannas Geschmack. Ein langer Tisch war gedeckt mit Leinentischdecken und Blumen in verschiedenen Glasvasen sowie Kerzen in verschiedenen Größen. Adriens Freund und Gastgeber Yanis mitsamt seiner Frau Chantal begrüßte sie überschwänglich mit Küsschen und Handschlag. Sie sahen nett aus. Hanna sah, dass sie sehr neugierig waren. Die Konversation war nun auf das wenige Französisch, das sie konnte, und das wenige Englisch, was die anderen konnten, begrenzt. Denn so gutes Deutsch, wie Adrien es beherrschte, konnte sonst niemand. Den Gedanken hatte sie vorher schon einmal gehabt, am Tag ihrer Ankunft, woher konnte er so gut Deutsch? Sie hatte vergessen, ihn danach zu fragen. Ein Aperitif wurde gereicht. Adrien stellte sie den anderen von. Alte Schulkameraden und auch Familie waren dabei. Eine Frau mittleren Alters, etwas mollig mit wilden schlohweißen Locken, sprach lebhaft auf Hanna ein, die sie freundlich anlächelte. Adriens Name kam auch dabei vor. „Pardon“, versuchte Hanna, sie zu unterbrechen, „je parle seulement un peu le français.“ Die Frau hielt inne und lachte laut. „Naturellement.“ Dann rief sie Adrien herbei, der sich angeregt mit seinem Freund unterhielt. Es musste schön für ihn sein, endlich wieder ungehindert Französisch zu sprechen. Auch wenn sie beide meistens gut miteinander kommunizierten. Odette, wie die Dame hieß, war seine Cousine. „Sie möchte uns auch einladen." Er verdrehte die Augen. „Hanna, wenn wir allen Einladungen folgen, haben wir keine einzige Minute mehr für uns." „Dann sag ihr, dass es uns im Moment zu viel wird, wir aber sehr gerne später einmal kommen." Damit war sie zufrieden. „Happy now, Adrien?" „Oui, oui." Und er zwinkerte ihr zu. Hanna und Adrien hatten sich besprochen, bald auch nach Schweden zu fahren. Es gab einiges für sie zum Überlegen und sie wollten nichts übereilen.

Aus dem offenen Fenster der Küche wehte ein fantastischer Duft herüber. Hanna war neugierig, sie ging auf die Toilette und spähte auf dem Rückweg in die Küche hinein. Da stand Yanis und kochte. „Puis-je?", fragte sie. „Entrez, entrez", rief er und lachte. Hanna war hin und weg, sie liebte Muscheln. Ganz im Gegensatz zu Austern. Sie fragte nach dem Rezept, das Yanis ihr gern erklärte. Muscheln nach Art von Île de Ré. Zuerst wurden feingeschnittene Schalotten in Butter geschwenkt, dazu kam Blattpetersilie, etwas Safran, abgelöscht mit Cognac und Weißwein. Danach kamen die Muscheln dazu und zuletzt Crème fraîche. Das Ganze abgedeckt ca. 15 Minuten sieden lassen. Am Ende gut durchschütteln, damit sich die leckere Soße mit den Muscheln vermischt. Das muss ich unbedingt nachkochen, dachte sie. Adrien schaute zum Fenster hinein. „Das habe ich mir gedacht", lachte er. „Dass Yanis mir meine Frau abtrünnig macht." Hatte er das gerade wirklich gesagt? Meine Frau! Bei dem gemütlichen Essen strahlten die beiden um die Wette. Immer wieder ein zärtliches Berühren, ein Kuss, Händchenhalten ... Es freute alle, Adrien endlich so glücklich zu sehen. Hanna setzte sich auf eine Bank und betrachtete den Garten. Es war so unendlich lange her, dass sie dieses Gefühl im Bauch gehabt hatte. Sie war einfach nur dankbar. Und froh über ihren Mut, diesen Brief geschickt zu haben. Denn dieser einfache Brief hatte ihrer beider Leben komplett geändert. Auf eine Weise, die sie vor ein paar Wochen nicht für möglich gehalten hätte. Es zeigte aber auch, dass man die Hoffnung und den Glauben nie aufgeben durfte. Dass es den richtigen Deckel für jeden Topf irgendwo auf der Welt gab.

Auf dem Weg nach Hause kamen sie an einer der vielen Eisdielen vorbei. Adrien erklärte, dass diese hier das beste Eis der Insel hatte. Sie hieß La Martiniére. Keine Sitzgelegenheiten, und Schlangen von Eiskäufern, die aber am langen Tresen effektiv und zügig bedient wurden. Ob sie denn probieren mochte, dann stelle er sich gern in die Schlange, während sie weiter weg auf einer Bank warten könnte. „Was möchtest du?“, fragte er. „Wir können uns einen Becher teilen“, sagte sie, da sie die Preise gesehen hatte. Die erste Kugel war sehr teuer, weitere Kugeln gab es aber für ein paar Cent dazu. „Such du aus, Adrien, ich vertraue deinem Geschmack.“ Und sie zwinkerte ihm zu. Sie setzte sich auf die Bank und sah sich das Gewimmel im Hafen an. Obwohl erst Mitte Juni, war das Gedränge schon da. Eine Familie mit zwei Kleinkindern und einem schreienden Baby näherte sich. Die Mutter sah ziemlich geschafft aus. Die beiden Kinder hatten jedes ein Eis in der Hand und sahen klebrig und müde aus. Es gab außer Hannas Bank keine freien Plätze mehr. Sie stand auf und bot den Platz an. Dankbar nahm die Mutter das Angebot an. Adrien und ich können uns nachher auch einfach auf die Mole setzen, dachte sie. Ein paar Schritte weiter lag eine kleine Galerie mit wunderschönen Motiven der Insel. Bilder solcher Art liebte Hanna. Adrien stand geduldig in der Schlange. Gleich war er an der Reihe. Er wollte Hanna zuwinken und drehte sich um. Sie war weg! Panik überkam ihn. Sein Herz fing an zu rasen. Er verließ seinen Platz hastig, die Leute guckten. Mit raschen Schritten lief er zu der Bank, auf der sie eben noch gesessen hatte. Eine Familie mit einem schreienden Baby saß jetzt dort, die Eltern diskutierten etwas zu laut.

Die Erinnerung an Hanna, die er damals auf dem Kai beim Einlaufen der Maillé Brézé in Brest gesehen hatte und die eine Sekunde später weg war, überkam ihn gleichzeitig mit einem Schwindelgefühl. Er bekam keine Luft mehr. „Hanna! Wo bist du?“ Hatte er sich auch diesmal alles nur eingebildet? Schon öfter spielte ihm das Gedächtnis einen Streich. Er hatte es nicht wahrhaben wollen. Man wurde vergesslich im Alter, war es nicht so für alle? Er strauchelte! Hanna!

Ein junges Paar sah Adrien zusammensinken. Sie halfen ihm – was war los, wie ging es ihm? Hanna wandte sich vom Schaufenster ab – war er jetzt nicht bald dran? Sie erschrak. Er stand nicht mehr in der Schlange. Da sah sie eine Menschenmenge ein paar Meter weiter weg. Etwas musste passiert sein. Sie kam näher. Adrien lag auf dem Boden, eine junge Frau hielt seinen Kopf. Hanna hörte ihren Schrei nicht. Sie sank vor ihm auf den Boden. Er war bei Bewusstsein, Gott sei Dank. Sie umarmte ihn fest. „Bleib bei mir Adrien, bleib bei mir." Tränen liefen über ihr Gesicht. Er sah zu ihr auf. „Mach sowas nie wieder." Seine Stimme war heiser und ernst. Der Schrecken saß Hanna und Adrien tief in den Knochen. Jemand wollte den Krankenwagen rufen, aber Adrien war schnell wieder auf den Beinen. Es war nur ein kleiner Schwächeanfall gewesen. Sie dankten dem jungen Paar, das sich auch anbot, sie zu begleiten, aber Adrien lehnte ab. Es war nicht weit. Hanna hakte sich bei ihm ein. Schweigend gingen sie nach Hause. Am nächsten Tag hatten sie eigentlich den Ausflug nach Nantes zur Maillé Brézé geplant, aber Hanna bestand auf einen Ruhetag. Sie hatte Magenschmerzen und Adrien sah bleich aus. „Hattest du das schon einmal?", fragte sie ihn. „Nein", antwortet er nur kurz. Hanna ließ es auf sich beruhen. Sie verbrachten den Tag damit, im Garten zu sitzen, zu lesen und Fotos auf dem Laptop anzuschauen. Hanna kochte eine Kleinigkeit, danach ruhten sie auf dem Bett. Hanna umschlang ihn fest, ihre Hand fuhr unter sein Hemd. „Verzeih mir, mon amour", flüsterte sie. „Es ist alles gut", antwortete er, „ich hatte Angst um dich, das ist alles."

Hanna trug nie viel Schmuck. Sie hatte es als Köchin damals aus hygienischen Gründen nicht gemacht und es störte sie immer noch. Nur wenn etwas Besonderes anlag, trug sie eine Kette, ein Armband und je nachdem ein oder zwei Ringe. Adrien hatte gesehen, dass sie zwei Ringe dabeihatte. Sie hatte sie an dem Abend mit seinen Freunden getragen und danach zurück in einen Samtbeutel gelegt. Sein Plan war aufgegangen. Er hatte die Woche vor dem Ausflug nach Nantes ein paar Besorgungen in La Rochelle zu machen. „Es ist zu anstrengend für dich, da mit mir rumzulaufen, chéri. Mach dir einen schönen Tag und erhol dich von mir“, lachte er und küsste sie zum Abschied. Ihren Ring hatte er in der Tasche.

Der Juwelier, dessen renommiertes Geschäft vor den Toren des alten Marktes von La Rochelle in der Charente-Maritime lag, begutachtete Hannas Ring. „Es ist ein Goldring mit einem rechteckigen Saphir in der Mitte, links und rechts je ein Diamant. Ein schöner Ring“, meinte der Juwelier, „ein Unikat. Sie möchten also etwas, was der Dame in Frage gefallen würde?“ „Ja“, antwortete Adrien, „etwas ganz Besonderes.“ Der Juwelier war ein erfahrener Mann. Er zeigte Adrien verschiedene Ringe in verschiedenen Preisklassen. Sie waren alle schön, einfach, aber elegant und mit Klasse. Einer stach besonders hervor. Es war ein Ring in Rosé- und Weißgold, ineinander verschlungen, mit sieben Brillanten in Form einer Blume in der Mitte.

Adrien war sich sofort sicher, damit Hannas Geschmack getroffen zu haben. Der Ring war teuer, kostete das Doppelte von dem, war er vorgehabt hatte auszugeben, und der Juwelier zeigte ihm andere ähnliche Ringe, die nur die Hälfte kosteten.

Aber Adrien kaufte den teuren Ring. Er wusste, sie würde ihn vielleicht nicht tragen wollen. Zu teuer, zu unpraktisch, aber genau dieser Ring würde ihr Sicherheit geben können, wenn er vielleicht nicht mehr da sein konnte. Sie konnte ihn jederzeit verkaufen. Es war der Ring, den er ihr schuldig war.

Er hatte eigentlich vorgehabt, den Ring seiner Großmutter ändern zu lassen, aber das klappte zeitmäßig nicht. Er konnte es später machen lassen.

Als er am Spätnachmittag nach Hause kam, war Hanna nicht da. Na, dachte er, weit kann sie ja nicht sein, da sie ja so schlecht zu Fuß ist. Die Küche ist aufgeräumt, die Betten sind gemacht und ein kleiner Blumenstrauß mit Blumen aus dem Garten steht auf dem Tisch. Nach einer Stunde fing er an, sich Sorgen zu machen. Wieder bekam er Atemnot. Aber nein, alle ihre Sachen waren da, er musste aufhören, sie so zu bewachen. Noch eine Stunde verging und die Sonne versank im Meer. Das mochte sie sehr, mit ihm Hand in Hand den Sonnenuntergang anzusehen. So kurz sie sich auch nur kannten, hatten sie sich sofort aneinander gewöhnt. Nach nur ein paar Stunden Abwesenheit bekam er also schon schmerzliche Sehnsucht nach ihr. Er hielt es nicht aus, er musste sie anrufen. Das hatte er damals vor 40 Jahren nicht gekonnt.

Gerade als er ihre Nummer gewählt hatte, kam sie mit roten Wangen zur Tür herein. Er war so froh, sie zu sehen, dass ihm die Tränen in die Augen schossen.

„Da bist du ja", rief er. Hanna verstand, dass er sich Sorgen gemacht hatte.

Sie umschlang ihn fest, sah ihm in die Augen. „Adrien, ich sage das jetzt nur einmal und du musst mir glauben. Ich werde dich nie, nie, nie mehr verlassen, bis Gott uns trennt." Er glaubte ihr.

Sie war am Strand gewesen. Stellte nun den kleinen Korb mit der Thermos und der Butterbrotdose in die Küche, bevor sie sich im Bad frisch machen wollte. Adrien packte ihn aus. Schraubte den Deckel der Thermos auf und sah hinein. Sie war leer, aber es waren weder Kaffee noch Tee darin gewesen.

Am nächsten Morgen standen sie früh auf. Die Fahrt nach Nantes würde, wenn alles klappte, ca. zwei Stunden dauern. Adrien hatte am Abend vorher den Picknickkorb vorbereitet. „Ich kümmere mich darum", sagte er und Hanna ließ ihn. Sie wusste nicht, dass er Champagner kaltgestellt hatte und nun in die Kühltasche packte. Er hatte in der Patisserie fertige Sandwiches gekauft, dazu Obst, Käse sowie Orangenbiskuits, da er wusste, dass sie diese besonders mochte. Um 8:00 Uhr fuhren sie los. Hanna genoss jede Sekunde. Sie hatten sich dazu entschieden, auf der Hinfahrt Landstraße statt Autobahn zu fahren. So kamen sie durch pittoreske Dörfer, grüne Hügellandschaften mit fruchtbaren Tälern. Kurz bevor sie Nantes erreichten, wich Adrien von der Straße ab und sie machten in dem Parc de la Morinière halt. Es gefiel Hanna dort sehr, nur viel herumlaufen ging nicht. An einem kleinen See setzten sie sich und aßen eine Kleinigkeit. Es war ein schöner, sonniger Tag, aber Gott sei Dank nicht zu heiß. „Ich freue mich auf die Maillé Brézé“, sagte Hanna und strahlte ihn an. Er lächelte. „Ich mich auch. Da kommen viele Erinnerungen hoch.“

Sie fuhren weiter und eine halbe Stunde später bogen sie auf den großen Parkplatz ein, der vor der Maillé Brézé lag. Es war kostenfrei, hier zu stehen. Adrien fand einen Platz direkt vor dem Schiff. Er stellte den Motor ab. Ganz still saßen sie da. Er nahm ihre Hand in seine. Wie damals. Hanna schossen die Tränen in die Augen. Sie war so dankbar für diesen Augenblick.

Adrien hatte vorab mit dem Personal gesprochen, so dass sie sich frei auf dem Schiff bewegen konnten und nicht an einer Führung teilnahmen. Sie wussten, dass er auf der letzten Fahrt des Schiffes an Bord gewesen war. Und später eine Bilderbuchkarriere bei der französischen Marine absolviert hatte. Er hielt ihre Hand und sie wanderten langsam durch das Schiff. Setzten sich hin und wieder, um Hanna zu schonen. Auf der Brücke umarmte er sie fest. „Hier hast du mir alles erklärt und ich war sehr beeindruckt von deiner Arbeit damals“, sagte Hanna. Immer wieder sahen sie sich an. Die Verliebtheit von damals, ließ sie sie sich jemals einholen? Die Antwort darauf war für beide Ja. Natürlich war es nicht das Gleiche, aber das Gefühl im Herzen irgendwie doch. Sie mochte jede Falte an ihm und Adrien ihren weiblichen Körper, warm, anschmiegsam und liebend. Vor 40 Jahren hatte sie Modelmaße gehabt. 40 Jahre hatten sie aber auch beide geprägt. Sie war dieselbe hübsche Hanna für ihn. Er derselbe fesche Adrien für sie. Das, was sie fühlten, wenn sie sich in die Augen sahen, sich umarmten, sich berührten, war das, was wirklich zählte.

Hanna konnte sich nicht erinnern, an welchem Tisch sie damals in der Messe gesessen hatten, nur an das Bullauge, aus dem sie so verzweifelt geschaut hatte. Adrien dagegen wusste es genau. Wie oft hatte er danach an diesem Tisch gesessen und an sie gedacht. Nun hatte er einen Plan. Das Personal wusste Bescheid. Hanna nicht. Sie saßen an dem Tisch wie vor 40 Jahren und er hielt ihre Hände in seinen. Dieses Mal hatte sie keinen Kloß im Hals. Ein junger Mann kam mit zwei Gläsern Champagner. Sie lachte. „Was hast du denn da eingefädelt?" Sie stießen an. „Auf die Liebe", sagte er, „auf uns!" Dann stand er geradewegs auf und ging vor ihr auf die Knie. Wieder mal absolut filmreif, dachte Hanna. Der Ring, den er in der Hand hielt, war wunderschön und traf ihren Geschmack genau. Besonders die verschlungene Form von Weiß- und Roségold, aber auch die Blume in der Mitte mit sieben ziemlich teuer aussehenden Steinen. Sie befürchtete, es könnten Brillanten sein und dass er sich damit in größere Unkosten gestürzt hatte. So einen schönen Ring hatte sie noch nie besessen. Sein Blick war ernst. „Hanna, ich liebe dich! Möchtest du meine Frau werden?" Ihre Antwort war schlicht: „Oui!" Dann fiel sie ihm um den Hals! „Oui, oui oui!" Er steckte ihr den Ring an den rechten Zeigefinger, so wie es in Frankreich üblich war. Er passte perfekt. Der junge Mann, der sie bedient hatte, und noch ein paar Leute aus dem Personal applaudierten. „Was meinst du, sollen wir die Trauung hier auf der Maillé Brézé halten?" „Das ist eine tolle Idee, Adrien", antwortete sie und wischte sich die Tränen aus den Augen. Sie saßen noch lange an Deck und waren einfach nur glücklich. „Es ist sehr lieb, dass du das alles so schön geplant hast", sagte sie und schmiegte sich an ihn. „Ich schätze es sehr."

Es gab einen Park direkt an der Loire, wo sie ihr Picknick einnahmen. Adrien machte die Flasche Champagner auf. „Das müssen wir feiern." Dass er auch daran gedacht hatte, Orangenbiskuits zu kaufen, rührte Hanna, sie war es nicht gewohnt, verwöhnt zu werden. Später ruhten sie sich auf der Decke aus und Hanna nickte in seinen Armen ein. Sie träumte den alten Traum vom Strand auf Îlé de Ré, sie lief und lief, aber niemand kam ihr entgegen. Niemand zog ein Boot aus der Brandung, er war nicht da. Sie war allein! Sie schrak auf, er war da und hielt sie fest. Auf dem Heimweg redeten sie nicht so viel, er wollte fahren, hatte nur zwei Gläser getrunken, und das war schon eine Weile her. Da die Promillegrenze in Frankreich bei 0,5 lag, war das wohl noch in Ordnung. Sie kamen wieder gut zu Hause an und machten es sich auf dem Sofa gemütlich. Als Adrien etwas in der Küche holte, sah er durch die Tür, wie Hanna verträumt den Ring an ihrem Finger drehte. Den Gesichtsausdruck, den sie dabei hatte, würde er am liebsten ewig festhalten!

Das Wochenende darauf kamen Adriens Schwester und Schwager aus Paris zu Besuch. Camille war etwas älter als er, mit schlohweißem Haar, das sie kurz trug. Sie musterte Hanna von oben bis unten, dann sagte sie etwas auf Französisch. Sie konnte kein Wort Deutsch. Hanna fragte sich, warum nicht, wo Adrien es so gut konnte. Sie hatte ihn immer noch nicht gefragt. Der Schwager konnte ein paar Brocken Englisch und war sehr freundlich. Sie wohnten das Wochenende über in einem Hotel, beste Adresse. Das Elternhaus hatten die Geschwister vermietet, Adrien wollte einen Termin mit dem Mieter machen, um es Hanna zu zeigen. Insgeheim hoffte er, es würde ihr gefallen. Er überlegte, dass sie dort zusammenwohnen konnten. Am Nachmittag hatten sie zu einer kleinen Cocktailparty eingeladen. Alain kam auch mit seiner Frau und Odette, der Cousine. Adrien wollte alles fertig kaufen, aber Hanna hatte darauf bestanden, die Häppchen selber zu machen. Schließlich ging es hier um ihren Ruf. Sie hatten zwei Tage vorher alles eingekauft und Hanna hatte gestern schon alles gut vorbereitet. Adrien ging ihr zur Hand. Wenn es um die Küche ging, kannte Hanna kein Pardon. Da regierte sie ohne Wenn und Aber und kommandierte ihn herum. Adrien musste lachen. „Du bist ja eine knallharte Lady." Hanna hielt inne, dann lachte sie auch. „Von nichts kommt nichts, so ist das eben", sagte sie. Er nahm sie in die Arme und küsste sie. Wie gern hätte er sein Leben mit dieser Frau verbracht. Nun musste er für jeden Tag zusammen dankbar sein. Es gab kleine Gläschen mit einer delikaten Räucherlachspaste, die mit russischem Kaviar gekrönt wurde – ja, sehr teuer, aber er wollte es so –, sowie mit Trüffel und Leberpastete gefüllte Champignons. Die Idee dazu kam von Isabel Allendes Buch „Aphrodite". Sie liebte dieses Buch. Hanna hatte auch mit Gorgonzola gefüllte Datteln, mit Bacon umhüllte, geräucherte Muscheln sowie Spieße mit Melonen und Mozzarellakugeln zubereitet. Grissini und Käsestangen füllte sie in hohe Gläser. Eine Obstschale vervollständigte das Bild. Es wurde ein gelungener Nachmittag und die Gäste waren begeistert. Noch mehr, als sie erfuhren, wer das leckere Essen gemacht hatte. Auch Camille taute auf. Ob das am Champagner lag, der reichlich floss, sei dahingestellt. Sie konnte tatsächlich auch etwas Englisch, so dass sie und Hanna doch noch ins Gespräch kamen. „Adrien kann sehr gut Deutsch", sagte Hanna. „Er war ja da stationiert." Camille hielt inne. Hanna hatte das Gefühl, dass sie sich verplappert hatte. Sie musterte sie wieder so seltsam. „Er ist eben sehr sprachbegabt im Gegensatz zu mir", antwortete sie. Dann fing sie mit etwas anderem an und Hanna ließ das Thema sein. Alain freute sich wie ein Schneekönig, sie wiederzusehen. Er erzählte seiner Frau von dem Ausflug in die Dünen damals und wie verliebt Adrien gewesen war. „Und jetzt wieder ist", lachte er. Aber auch er hatte keine Antwort darauf, wer den Anruf an Hanna getätigt haben konnte. Das würden sie wohl nie erfahren. Wichtig war, dass es sie nicht für ewig hatte trennen können. Von nun an und für alle Zukunft war sie die Frau an seiner Seite.

Mitten in der Nacht wachte Hanna auf. Adrien schnarchte laut. Das machte er immer, wenn er getrunken hatte. Sie sah ihn an, wie er mit offenem Mund dalag. Er war ein Wunder. Er lebte und sie hatte ihn gefunden. Sie strich mit dem Finger über seine Stirn, die Wangen, das Kinn. Vor dem Schlafengehen hatte sie ihn gefragt, warum er so gut Deutsch konnte. Seine Antwort war kurz. „In der Schule gelernt." Hanna behielt für sich, was Camille enthüllt hatte. Sie ließ es auf sich beruhen. Vielleicht würde er es ihr einmal von sich aus erzählen. Sie schlich sich aus dem Bett. Es war noch dunkel. Chocó lag zusammengerollt auf dem Sofa. Hanna hüllte sich in die weiche blaue Decke, die hier immer lag, und kuschelte sich neben das Kätzchen, das sofort anfing zu schnurren. Sie fühlte sich hier geborgen, mehr noch als zu Hause, und schlief wieder ein.

Die Fähre von Puttgarden nach Rødby hatten sie um 15:30 Uhr gebucht, waren aber schon um 14:00 Uhr da. Es hatte keine Staus gegeben und sie waren gut durchgekommen. Adrien war ein guter Fahrer und Hanna fühlte sich sicher mit ihm, obwohl er manchmal Schwindel hatte. Sie hatten viele Pausen gemacht und regelmäßig etwas gegessen. Zweimal übernachtet, in Belgien und Bispingen. Beide Male Glück gehabt mit netten Wirtsleuten und bequemen Betten. Den ersten Stopp machten sie in Fallais, Belgien. Das Hotel und Restaurant lag in einem historischen Gebäude neben einem Schloss und war liebevoll renoviert worden. Es hieß Centre Au Chardon.

Hanna war begeistert. „Ich liebe diesen Ort und den Charme, fantastisch! Und so nette Gastgeber!" Adrien lachte. Wenn sie glücklich war, war er es auch! Es war für ihn jetzt das Wichtigste auf der Welt. Das Frühstück war auch sehr lecker und die Unterkunft war so gemütlich, dass sie gar nicht mehr wegwollten. Sie überlegten, auf dem Heimweg später auch wieder hier zu übernachten und noch einen Tag dranzuhängen. Es gab einen schönen Park und einen Spa-Bereich. Alles sehr nach ihrem Geschmack!

Den zweiten Stopp legten sie in Bispingen in Deutschland ein. Auch hier hatte man ein altes Gebäude mit viel Charme renoviert. Es hieß Die schmucke Witwe und ließ keine Wünsche offen. Abends saßen sie in dem Garten bei einem Glas Wein. „Ich liebe es, so mit dir zu reisen", meinte Adrien und küsste ihr die Hand. „Ich auch, chéri, ich auch. Es ist alles wie ein Traum, aus dem ich nicht aufwachen will." Sie schliefen gut und fest die ganze Nacht. Durch das reichhaltige Frühstück gestärkt machten sie sich auf die letzte Etappe. Bis nach Halmstad waren es nun noch ca. 600 km. Adrien imponierte die Øresund

Brücke, sofort wollte er alle Fakten wissen. Noch anderthalb Stunden, dann waren sie zu Hause.

Rebecca hatte eingekauft, so dass der Kühlschrank wohlgefüllt war. Sie wollten sich morgen treffen, auch Adrien wollte mit seiner Freundin aus Göteborg kommen. Hanna zeigte Haus und Garten. „Fühl dich wie zu Hause“, sagte sie und küsste ihn. Es gefiel ihm alles sehr gut. Vor allem der Garten mit allen schönen Blumen, den Rosen, dem Kräutergarten und kleinen Teich. Ein Frosch saß da und rührte sich nicht. Sigurd sah sie über die Hecke und rief „Welcome, welcome, you have to come over soon!“ Er hatte wohl im Garten gesessen und darauf gewartet, dass sie kommen würden. Hanna wusste, dass er sich sehr mit ihr freute.

Die Betten waren frisch bezogen und dufteten nach Sommer. Sie waren müde und legten sich früh schlafen. Es war ihre zweite gemeinsame Nacht auf schwedischem Boden. Wie seltsam das Leben doch sein konnte.

Am Morgen aßen sie Frühstück im Garten. Es war herrlichstes Spätsommerwetter. Sie beschlossen, zuerst in die Stadt zu fahren, Adrien war es sehr daran gelegen. Hier sah es fast genauso aus wie vor 40 Jahren, zumindest an dem Kai, wo die Maillé Brézé und die Primauguet damals gelegen hatten. Ein Campingplatz für Wohnmobile hatte sich direkt am Kai etabliert und war immer gut besucht. Aber ein kleines Stück weiter weg konnte Hanna parken. Es war fast genau die Stelle, an der sie damals ihren kleinen blauen BMW abgestellt hatte, hinter der Menschenmenge, und er hatte sie geholt. Ja, genau hier hatte die Maillé Brézé gelegen. Das war so etwas, was sich einfach eingebrannt hatte. Sie stiegen aus und gingen zur Wasserkante. Der Fluss Nissan floss hier wie seit ewigen Zeiten. Ein Hausboot lag hier und mehrere andere Schiffe. Weiter hinten der Seenotrettungskreuzer. Auf der anderen Seite hatte man mehrstöckige Wohnhäuser gebaut. Dazwischen eingeklemmt und kaum zu sehen, lag Marinstugan, das Vereinslokal der Kameraden der Flotte. Hanna wies über den

Fluss dahin. „Da warst du doch damals zu Besuch." Sie hatte das Gruppenfoto in der Zeitung gesehen und aufgehoben. Adrien schwieg, er sah ernst aus, es berührte ihn. „Hier hast du mich zum ersten Mal geküsst", sagte Hanna. Er wandte sich um und sah sie an. Die Erinnerung überkam ihn. Er nahm sie fest in seine Arme, sehr fest. „Dieses Mal lass ich dich aber nicht wieder los." Seine Stimme klang rau.

Sie fuhren weiter, über die Brücke, über die sie damals im Nieselregen gelaufen waren. Es hatte sich kaum etwas verändert. Links das rote Schloss aus dem 16. Jahrhundert und rechts das Scandic Hotel, in dem Hanna zu der Zeit gearbeitet hatte. Hanna bog links ab in Richtung Yachthafen. Von hier aus konnte man den Hafeneinlauf von Halmstad sehen und am Molenende den Leuchtturm. Sie parkte am Café Söderpiren, das direkt am Weststrand lag. Hanna fühlte sich heute nicht richtig wohl, sie hatte Schmerzen und konnte nur wenig laufen. Sie biss die Zähne zusammen und hakte sich bei Adrien ein. Sie wanderten die Pier entlang bis zu einer Bank. Von hier aus hatte man einen guten Blick zum Leuchtturm hin. „Ich bin die Jahre oft hier gewesen und habe jedes Mal an dich gedacht", sagte Hanna. „Wie ich damals dagestanden hab, in dieser Eiseskälte." Sie hatte den Norwegerpullover, den sie angehabt hatte, die ganzen Jahre über behalten. Obwohl er schon lange nicht mehr passte. „Und ich habe geheult", antwortete er, „wollte ins Wasser springen und zu dir schwimmen. Frag Alain, er hat mich gehindert." „Schade, das wäre wieder filmreif gewesen", lachte Hanna. „Aber die Strömung ist hier stark, es wäre keine gute Idee gewesen. Außerdem wärst du bestimmt im Arrest gelandet."

Dann schwiegen sie, hielten sich nur an den Händen.

Bei einer Tasse Kaffee im Café teilte Hanna dann Adrien ihren Entschluss mit.

„Ich werde das Haus verkaufen und zu dir nach Île de Ré ziehen. Das Wetter dort ist für mich viel besser als hier. Wir brauchen keine zwei Häuser. Mir ist das schon lange zu viel Arbeit. Ich zahle die Kinder aus, sie bekommen die gleiche Summe, gerechterweise, so wie es sein soll." Enkel hatte sie keine. Darüber brauchten sie sich später keine Gedanken machen und solche linken Aktionen, wie sie ihrem Bruder eingefallen waren, waren damit ausgeschlossen. Das Gericht hatte jedoch in diesem Fall zu ihren Gunsten entschieden, schließlich gab es Gesetze, und er hatte nicht darum herumkommen können. Gott sei Dank!

Danach hatten sie keinen Kontakt mehr. Es tat Hanna sehr leid.

Den Rest vom Hausverkauf hatte sie als Reserve angedacht, damit sie die letzten Jahre noch genießen konnte. Auch wollte sie sich nicht von Adrien abhängig machen.

Am Nachmittag kamen Rebecca und Adrien Junior, wie sie ihn mittlerweile nannte, mit seiner Freundin Josefin. Sie war ein nettes Mädchen und passte gut zu ihm.

Hanna deckte die Kaffeetafel im Garten. Sie hatte bei ihrer Lieblingsbäckerei Inez & Greta eine leckere Kuchenauswahl ausgesucht. Natürlich waren alle neugierig aufeinander und bald war ein reges Gespräch im Gange. Irgendwann kam der passende Augenblick und Hanna erzählte von ihrem Entschluss, das Haus zu verkaufen und nach Frankreich überzusiedeln.

Es wurde mit einem Schlag still. Keine Begeisterung. Hanna wunderte sich. „Findet ihr die Idee nicht gut?" „Mama, ich bin schwanger", fuhr es aus Rebecca heraus. „Mit Zwillingen!" „Wir bekommen auch ein Baby", rief Adrien. „Was sagt ihr denn da", rief Hanna, „ich werde dreifache Oma???"

Ihr Mutterherz schwoll sofort über. Das hatte sie sich seit Jahren gewünscht und ausgerechnet jetzt sollte es geschehen. Adrien sah ihr an, dass sie alle ihre Pläne über den Haufen warf. Rebecca brauchte sie. Der Vater war unbekannt. Zumindest sagte sie das. Nun war guter Rat teuer. Adrien legte seine Hand auf Hannas Arm. „Es wird sich alles finden, chéri.“

Das würde es und sie würden, wie auch immer, bei dem bleiben, was sie sich versprochen hatten, den Rest ihres Lebens zusammen zu verbringen!

Kapitel 10

Hanna genießt die Wärme der Abendsonne. Sie hatte das Buch geschrieben. Das Buch über eine Liebesgeschichte mit einem glücklichen Ende. Es wurde auch ins Französische übersetzt. Das war ihre einzige Bitte an den Verlag gewesen. Als sie endlich nach vielen Monaten das Endresultat in der Hand hält, weint sie und betet, dass es nicht zu spät sein würde. So schnell hatte sie ihr Leben gelebt, so schnell war es vorbei. Was, was ist wichtig im Leben? Schönheit, Karriere, Erfolg, Liebe, Ehe, Kinder, Haus, Auto ... was, was ist wichtig? Wir streben und streben, wollen hoch hinaus, aber ist das das Leben ...? Am Ende ist alles gleich, wir schwimmen alle im gleichen Teich. Nichts nehmen wir mit, was, was ist dann wichtig im Leben?

Sie hatte den Termin mehrmals verschoben. Sie will Ruhe, Ruhe vor Ärzten, denen sie nicht vertraut, Ruhe vor einem Krankenhaus, von dem ihr schlecht wird, wenn sie nur daran denkt. Die verantwortliche Schwester rief viermal an. Ihre Werte seien nicht in Ordnung. „Mir geht es gut", antwortete Hanna und legte auf.

Die Schmerzen sind unerträglich. Der Unfall hatte damals ihr Leben verdunkelt, aber sie hatte jeden Tag gedacht: Hurra, ich lebe noch! Diesmal hat sie keine Chance. Sie kann nicht fassen, wie schnell es vorbeigegangen war.

Adrien wundert sich über das in Seidenpapier eingeschlagene Paket. Es erreicht ihn in seinem Haus in Plouzané, einem Ort in der Nähe von Brest. Der Verlag hatte Hanna geholfen, seine Adresse ausfindig zu machen. Er lebt sehr anonym. Google hatte ihr diesmal nichts genützt. Wie seltsam wo man doch heute alles über jeden finden konnte.

Ein Buch! Der Titel: „Sehnsucht nach Île de Ré“. Er traut seinen Augen nicht! Auf dem Buchumschlag das Bild von einem Leuchtturm im Sonnenuntergang und eine Postkarte mit der kleinen Meerjungfrau in Kopenhagen. Sie kommt ihm bekannt vor. Es war genau die Karte die er einmal vor langer Zeit geschickt hatte. Die Autorin heißt Hanna Sommer. Den Namen kennt er, ist fassungslos! Er erinnert sich, ja, hatte sie denn nie geheiratet? Seine Hanna, Hanna, die er das letzte Mal vor über 40 Jahren am Leuchtturm von Halmstad gesehen hatte. Hanna, von der er dachte, dass sie ihn schon lange vergessen hatte! Sie hatte ein Buch über ihre Geschichte geschrieben. Auf der ersten Seite eine Widmung! „Pour Adrien“! Er fängt sofort an zu lesen und kann nicht mehr aufhören. Das Kapitel seiner Begegnung mit Hanna berührt ihn sehr. Die Tränen laufen ihm über das Gesicht, auch er hat nichts von alledem je vergessen. Sie schrieb in dem Buch, dass er zurück nach Île de Ré gezogen war, ja, warum hatte er das nicht gemacht? Dass Hanna nach all diesen langen Jahren noch immer an ihn dachte, ist für ihn unfassbar. Er hatte sie und ihre Liebe damals hinter sich gelassen. Hatte sein Leben gelebt, wie er es für richtig gehalten hatte, aber nun kommen ihm Zweifel. Hatte er eine andere Wahl gehabt? Hätte er den Preis dafür bezahlen wollen? Er wäre hoch gewesen.

Adrien klappt das Buch zusammen. Wie schön mit einem Happy End, denkt er. Ja, so muss es sein, es ist nicht zu spät. Er schreibt ihr noch am selben Tag einen langen Brief. Genauso altmodisch, wie sie ihm das Buch geschickt hatte. Auf Englisch. Sein Deutsch hat er fast vergessen. Er hat so viele Fragen an sie. Was macht sie, wie geht es ihr, hat sie Familie? Er schreibt, dass sie bitte kommen soll, er würde gleich am nächsten Tag nach Île de Ré fahren und alles in Ordnung bringen. Sie sei mehr als herzlich willkommen. Durch das Buch versteht er das sie ihn nicht vergessen hat und gern treffen will. Er will sie auch sehr gerne wiedersehen, sie soll wissen was wirklich geschehen war. Das ist sein Wunsch.

Die Adresse hatte er ihr aufgeschrieben. Denn dass er dort ein Haus besitzt, hatte sie richtig geraten. Dass er kinderlos ist nicht. Drei Kinder, zwei Mädchen und ein Junge, dazu waren zwei Enkel gekommen. Deshalb war er auch nicht zurück nach Île de Ré gezogen. Seine Frau hatte ihn aber tatsächlich vor einigen Jahren verlassen. Er endet den Brief mit: „Je t'aime! Für immer Dein Adrien!" Die Vergangenheit hatte ihn eingeholt und er ist froh darüber. Er ist bereit, sich allem zu stellen, das war schon lange fällig.

Der Flug nach La Rochelle geht übermorgen, sie hatte ihn inklusive Behindertenservice sofort gebucht, als sein Brief kam. Hannas Hände zitterten, als sie ihn öffnete, vielleicht wollte er nichts von ihr wissen. Im Grunde waren sie doch Fremde füreinander. Doch, das will er! So wunderschön und endlos romantisch! Wie früher! Wie seine Karte damals aus Kopenhagen. Sie hat es Adrien aber nicht mitgeteilt, es soll eine Überraschung werden. Überraschungen sind Hannas Spezialität, sie liebt es, sie bis ins Detail zu planen, und freut sich wie ein kleines Kind, wenn alles gelang. Diesmal ist sie sich nicht so sicher. Ich muss es schaffen, denkt sie. Aber sie weiß auch, dass es ein Wettlauf mit der Zeit ist. Die Zwillinge wollen sie beide zum Flughafen in Kopenhagen bringen. Meine geliebten Kinder, denkt sie. Was wäre ich ohne sie. Sie sind das Beste, was mir im Leben geschehen ist, und natürlich, dass Adrien tatsächlich noch am Leben ist. Was auch immer Adriens Geheimnisse sind, sie würde sie jetzt erfahren. Warum war er damals einfach verschwunden? Und warum hatte er das LinkedIn Konto gelöscht? Wie war sein Leben wirklich verlaufen? So, wie sie es im Buch geschrieben hatte, als liebender Ehemann? Eines ist sicher, er will sie wiedersehen und das ist alles, was zählt. Sie hält die Einladung in der Hand. „Je t'aime! Für immer Dein Adrien!" Das waren auch 1987 seine letzten Zeilen an sie gewesen, aber auf Englisch! Franzose halt, sie lacht laut! Jetzt wird doch noch alles gut, denkt sie, genauso wie in meinem Buch. Vielleicht sogar ein Happy End. Sie freut sich so auf ihn! Sie hat immer an ihn als ihre Zwillingsseele gedacht. Ist er das? Der Traum vom perfekten Mann. Gibt es sowas überhaupt? Hanna hat so viele Rollen gespielt in ihrem Leben. Das hier würde ihr letzter großer Auftritt sein. Sie will ihn um nichts in der Welt missen. Zwei Wünsche hat sie in ihrem Leben gehabt. Einmal an einem karibischen Strand unter Palmen zu liegen und in das türkisblaue Wasser einzutauchen. Dieser Wunsch war nie wahr geworden. Der zweite Wunsch ist, die Liebe ihres Lebens zu finden. Diese Hoffnung hat sie immer mit sich getragen. Jetzt ist der Moment vielleicht da. Sie will noch ein Stündchen hier sitzen bleiben, sie ist so müde. Später ist noch genug Zeit zum Packen!

Sarah ruft am Nachmittag an und sie sprechen lange darüber, wie ihrer beider Leben sich seit der Jugend entwickelt hatten. Ihrer Freundschaft hat nichts je etwas anhaben können. Sie sind immer füreinander da gewesen und dafür sind sie dankbar. „Hannchen, du hast immer an Adrien gedacht, auch wenn du es dein ganzes Leben verdrängt hast. Ich freue mich unendlich für dich, dass du jetzt endlich Klarheit bekommst und vielleicht deinen Traummann dazu. An der Zeit wäre es ja." Hanna lacht. „Ja, aber wirklich." „Hanna, schaffst du die Reise denn überhaupt? Ist es nicht besser, er kommt zu dir?" „Nein", antwortet Hanna bestimmt, „ich habe mich immer und ewig nach dieser Insel gesehnt, davon geträumt, und war zu feige. Ich muss da jetzt hin und wenn es das Letzte ist, was ich tue. Mach's gut, Sarah, hab dich lieb!" Sie nimmt zwei Tabletten, schluckt sie mit dem Rest vom Wein und schließt die Augen.

Sie träumt den alten Traum von dem weißen, langen Sandstrand, die Wellen brechen weißschäumend am Ufer. Das Wasser leuchtet türkisblau. Sie sieht ihn, weiter dort hinten, er zieht ein Boot an Land. Läuft ihm entgegen, gleich ist sie bei ihm. Er dreht sich zu ihr hin. Er ist es, es ist ihr Adrien. Lachend schließt er sie in seine starken Arme, hält sie ganz fest. Jetzt lässt er sie nie wieder los.

Sigurd sieht Hanna spätabends noch im Sonnenstuhl sitzen. Sie hält ein Buch in ihren Händen. Das Handy klingelt, doch sie antwortet nicht. Es wird langsam kühl, sie ist wohl eingeschlafen. Er öffnet das Gartentor und kommt näher, sie hat die Augen geschlossen und ein Lächeln auf den Lippen. Vorsichtig berührt er ihre Schulter. Das Buch gleitet ihr aus den Händen und fällt zu Boden. Da versteht er. Ach, Hannchen! Warum ausgerechnet jetzt! Obwohl, ein schöner Tod, denkt er, so friedvoll!

Die Asche von Hanna Sommer wurde ihren Wunsch gemäß nach Île de Ré überführt.

Im Nachlass steht:

Mein größter Krieg, der gegen mich selbst, ist vorbei. Nun bin ich endlich frei.

Darum sollt Ihr nicht traurig sein, ich lasse Euch nicht allein.

Meine Liebe wird Euch begleiten. Jetzt und in allen Zeiten.

Danke für alles!

Rezeptanhang

Eine kleine Auswahl von Rezepten, die im Buch erwähnt werden.

Wer Lust auf mehr hat, kann gern in meinem Blog vorbeischauen.

Die Rezepte lassen sich prima von Google übersetzen.

www.cestlavie.nu

Fleischwurstblümchen

Zutaten:

ca. 650 g Fleischwurst
1 große Zwiebel
1 rote Paprika
ca. 150 g Mais
800 g passierte Tomaten
1 Tasse frische Oregano Blättchen
Salz und Pfeffer
1 TL gemahlener Paprika
2 Würfel Gemüsebrühe
200 ml Wasser
1 Prise Zucker

So wird's gemacht:

Die Fleischwurst in ca. 1 cm dicke Scheiben schneiden.

Mit einer Ausstechform Blumen ausstechen. Die Reste der Wurst für etwas anderes verwenden. Die Zwiebel schälen und in kleine Würfel schneiden. In etwas Öl anbraten, bis sie glasig sind. Mit passierten Tomaten auffüllen. Die Gemüsebrühe Würfel und das Wasser hinzugeben. Die Paprika waschen und in Würfel schneiden, dazugeben. Ca. 20 Minuten köcheln lassen. Mit den Gewürzen abschmecken. Den Mais und die Wurst dazugeben. Das Ganze ca. 10 Minuten heiß werden lassen. Dazu schmeckt Kartoffelpüree und Salat. Auch Möhren und Gurkenstäbchen mögen die Kinder gern.

Kartoffelpüree

Wem gefällt das nicht?
Auch das zubereiten, ist nicht schwer, wenn man an bestimmte Dinge denkt!
Das Beste daran ist: Es passt zu fast allem!
Anschließend können Sie das Kartoffelpüree optional mit Folgendem komplettieren:

- frische Kräuter
- Knoblauch
- gebräunte Butter
- geriebener Parmesan
- Weichkäse, z. B. Gorgonzola
- Pesto
- Zitronenschale
- gehackter Spinat

Hier ist mein Grundrezept:

Zutaten: ca. 10 Portionen

1,7 kg Kartoffeln (mehlig)
200 ml Sahne
400 ml Milch
50 g Butter
Salz, weißer Pfeffer, Muskatnuss

So wird's gemacht:

Die Kartoffeln schälen und in kleinere Stücke schneiden. In leicht gesalzenem Wasser 10–15 Minuten kochen.

Kochwasser abgießen. Dampf ablassen.

Milch und Sahne mit der Butter in einem Topf oder in der Mikrowelle erhitzen.

Die Kartoffeln mit einem elektrischen Schneebesen zu Brei schlagen oder einen Kartoffelstampfer verwenden.

Die warme Milchmischung dazugeben und das Püree schaumig schlagen.

Mit Salz, Pfeffer und Muskatnuss würzen.

Lachsröllchen mit Meerrettichcreme

Zutaten: 8 Portionen

16 Scheiben Räucherlachs (à ca. 30 g)
250 g Frischkäse (Meerrettich)
Etwas Milch
Zitronenpfeffer
Frisée-Salat
Zitronen
Dill

So wird's gemacht:

Legen Sie alle Lachsscheiben etwas aufeinander auf ein Stück Plastikfolie. Den Frischkäse in etwas Milch einrühren, um eine glattere Konsistenz zu erhalten. Mit Zitronenpfeffer abschmecken. Frischkäsecreme so verteilen, dass alle Lachsscheiben bedeckt sind. Rollen Sie die Lachsscheiben mithilfe der Plastikfolie zu einer langen Rolle auf. Legen Sie die Rolle für eine Weile in den Kühlschrank, damit sie sich leichter verarbeiten lässt. Anschließend in mundgerechte Scheiben schneiden. Auf einem Frisée-Salat-Bett servieren und mit Zitronenscheiben und Dill garnieren.

Oskars „Alles wird gut“ Plätzchen

Zutaten: ca. 400 Stück

300 ml hellen Sirup
285 g Zucker
1 ½ TL Natron
285 g Butter
900 g Weizenmehl
2 TL Ingwer
2 TL Zimt
2 TL Nelken
2 Eier

So wird's gemacht:

Sirup, Zucker und Gewürze in einem Topf auf dem Herd aufkochen. Vom Herd nehmen und etwas abkühlen lassen. Natron, Butter, Eier und Mehl mit den Knethaken des Elektromixers unter die Zuckermischung rühren.

Wiegen Sie die Zutaten ab, sehr wichtig!

Lassen Sie den Teig etwas abkühlen, bevor Sie die Eier unterrühren, sonst werden sie hart und Sie haben plötzlich ein Omelett im Teig …

Für ein optimales Ergebnis sollte der Teig einige Tage im Kühlschrank ruhen.

Tipps:

Etwas Mehl auf dem Backtisch, etwas auf dem Nudelholz und dann knetet man das erste Teigstück in der Hand, so dass es etwas weicher wird. Beim nächsten Mal vermischen Sie den warmen Teig, der vom vorherigen Ausrollen übriggeblieben ist, mit einem Stück neuen kalten Teigs für die richtige Konsistenz. Die Oberseite des ausgerollten Teigs leicht bemehlen und ein paar Mal wenden. Nach der letzten Drehung nicht mehr rollen, sonst löst sich der Lebkuchen leicht vom Brett. Sollte der Teig zu warm werden, stellen Sie ihn wieder in den Kühlschrank. Warmer Teig kann nicht ausgerollt werden.

Backen Sie zunächst ein paar Lebkuchenproben, nicht ein ganzes Blech.

Lebkuchenplätzchen ausstechen und anschließend

etwa 8 Minuten bei 180 Grad in der oberen Hälfte des Ofens backen.

Passen Sie gut auf – Lebkuchenplätzchen brennen leicht an.

Oskars wohltuende Kekse mit Zitrone und Zimt

Zutaten: ca. 75 Stück

250 g zimmerwarmer Sauerrahm
280 g weiche, zimmerwarme Butter
400 g Mehl
100 g Dinkelmehl
abgeriebene Schale einer Zitrone (Bio)
1/2 TL Vanillepulver
5 EL Zucker und 1 TL Zimt (um die Kekse darin zu wälzen)

So wird's gemacht:

Sauerrahm glattrühren. Butter schaumig rühren, Sauerrahm unterrühren.

Beide Mehle sowie die anderen Zutaten dazugeben und alles mit dem Knethaken 2–3 Minuten verkneten.

Den Teig in Folie einwickeln und für etwa 30 Minuten in den Kühlschrank stellen.

Den Teig mit einem Nudelholz auf einer bemehlten Arbeitsfläche ca. 2 mm dick ausrollen.

Dann ca. 75 Sterne oder andere Figuren (jeweils 4–5 cm Durchmesser) ausdrücken.

Auf drei mit Backpapier ausgelegte Bleche verteilen.

Den übrig gebliebenen Teig immer wieder durchkneten und erneut ausrollen, bis der Teig aufgebraucht ist.

Auf Blechen im vorgeheizten Ofen für ca. 15 Minuten backen

(E-Herd: 180 °C/Umluft: 160 °C).

Zucker mit Zimt in einer breiten, flachen Schüssel mischen.

Die Kekse herausnehmen und während sie noch warm sind, vorsichtig darin wälzen. Auskühlen lassen.

Sauerkrautgratin mit Haxe

Zutaten:

ca. 1,2 kg gepökelte Haxe ohne Knochen
5 Lorbeerblätter
1 EL Pfefferkörner
5 Wacholderbeeren
2 gelbe Zwiebeln
2 Karotten
ca. 400 g Sauerkraut
2 EL Butter
100 ml Weißwein
1 Prise Zucker
Salz
Kreuzkümmel
weißer Pfeffer
1,5 kg mehlig kochende Kartoffeln (z. B. Afra)
200 g Crème fraîche
2 Eigelb
2 EL starker Senf
schwarzer Pfeffer
Muskatnuss

So wird's gemacht:

Legen Sie die Schweinekeule in einen großen Topf (lassen Sie das Netz an Ort und Stelle) und füllen Sie diesen mit ca. 2 Liter Wasser, bis die Schweinekeule bedeckt ist.

Gut aufkochen und abschöpfen. Eine Zwiebel und die Karotte schälen und in grobe Stücke teilen, zusammen mit Wacholderbeeren und Lorbeerblätter hinzufügen. Zugedeckt bei schwacher Hitze etwa 2 Stunden garen lassen, bis das Fleisch zart ist.

In der Zwischenzeit Sauerkraut und Kartoffeldecke vorbereiten.

Die übrige Zwiebel schälen und fein hacken. In einem Esslöffel Butter langsam anbraten, bis sie glänzt. Wein, Sauerkraut und Gewürze dazugeben.

Bei geschlossenem Deckel ca. 1/2 Stunde köcheln lassen.

Ab und zu umrühren!

Kartoffeln schälen und in kleine Stücke schneiden. In Salzwasser weichkochen. Gießen Sie das Wasser ab.

Mit einem elektrischen Schneebesen zu Brei schlagen oder einen Kartoffelstampfer verwenden.

Crème fraîche, Senf, 1 Esslöffel Butter und Eigelb unterrühren.

Mit Salz, Pfeffer und gemahlener Muskatnuss würzen.

Gründlich mischen.

Das Fleisch aufnehmen, in Scheiben schneiden und in eine Gratinform legen.

Das Sauerkraut auf dem Fleisch verteilen.

Das Kartoffelpüree darüber verteilen.

Im vorgeheizten Ofen (E-Herd: 180 °C/Umluft: 170 °C)

ca. 20 Min. gratinieren, bis es Farbe annimmt.

Mit in Butter gebratenen Zwiebelringen und Petersilie garnieren!

Guten Appetit!!

Sigurds Lieblingsfleischbällchen

Zutaten:

500 g Elch Hackfleisch
500 g halb und halb gemischtes Hackfleisch
3 Eier
Ca.90 g Panko
Piment
schwarzer Pfeffer
gemahlener Paprika
Salz
eine Prise Zimt
1 fein gehackte Zwiebel

So wird's gemacht:

Panko in 200 ml Wasser mischen und 10 Minuten quellen lassen.

Eier und Zwiebeln unterrühren.

Mit Salz, Zimt, Paprika, Pfeffer und Piment würzen.

Hackfleisch untermischen. Abschmecken.

Mit feuchten Händen Fleischbällchen formen. Mit Öl bestreichen.

I vorgeheizten Ofen (E-Herd: 225 °C/Umluft: 200 °C)

etwa 15 Minuten braten oder alternativ in der Bratpfanne.

Es ist bietet sich an, davon einen Vorrat im Gefrierschrank zu haben.

Muscheln à la Île de Ré mit Mozzarella-Knoblauchbrot und Aioli!

Zutaten 4 Personen

1 kg Muscheln
Olivenöl
2 Schalotten
2 Knoblauchzehen
1–2 Beutel Safran
100 ml Cognac
500 ml Weißwein (am besten lieblich)
Blattpetersilie
300 g Crème fraîche

So wird's gemacht:

Die Muscheln gründlich waschen. Entsorgen Sie tote Muscheln (solche, die sich nicht schließen lassen oder zerbrochen sind).

Schalotten und Knoblauch schälen und fein hacken.

Petersilie abspülen und fein hacken.

Zwiebel und Knoblauch im Öl anbraten, ohne dass sie Farbe annehmen.

Safran, Wein und Cognac sowie die Hälfte der Petersilie hinzufügen. Eine Minute kochen lassen.

Die Muscheln hinzufügen und zugedeckt etwa 5 Minuten garen. Die Muscheln sollen sich öffnen. Crème fraîche dazugeben und unter dem Deckel schütteln, so dass sich die Sauce mit den Muscheln vermischt.

Nicht geöffnete Muscheln entsorgen. Danach das Ganze noch einmal aufkochen lassen.

Geben Sie die Muscheln in eine Schüssel oder essen Sie sie direkt aus dem Topf.

Zum Servieren die Petersilie darüberstreuen.

Aioli schmeckt gut dazu, ebenso wie mit Mozzarella gefülltes Knoblauchbrot und eisgekühlter Champagner.

Festliche Champignons 8 Stück

Zutaten:

8 mittelgroße Champignons
Saft einer halben Zitrone
1/2 EL Butter
2 EL Leberpastete
1 TL Sahne
Salz und Pfeffer
1 TL getrüffeltes Olivenöl
Petersilie

So wird's gemacht:

Die Champignons waschen und mit Küchenpapier trockentupfen. Die Stiele herausdrehen.

Die Hüte und Stiele mit Zitronensaft beträufeln. Die Champignons in zerlassener Butter wenden.

Bei hoher Temperatur kurz anbraten. Auf Küchenpapier auskühlen lassen.

Die Stiele zusammen mit der Leberpastete, Sahne und Trüffelöl mixen. Mit Salz und Pfeffer abschmecken. Die Champignons mit der Masse füllen. Ein Spritzbeutel ist hier von Vorteil. Wenn vorhanden, mit gehackter Petersilie bestreuen.

Lachsverlockung 6 Gläser

Zutaten:

4 Scheiben geräucherter Lachs (ca. 150 g)
100 g Frischkäse
1 EL Mayonnaise
1 EL Butter
1 TL Whiskey
1 TL Zitronensaft
Salz und Pfeffer
30 g russischer Kaviar, alternativ Forellen Kaviar
Dill zum Garnieren

So wird's gemacht:

Alles mit dem Mixer pürieren, bis eine glatte Paste entsteht.

Ein paar Stunden kaltstellen, damit sich die Aromen verbinden.

In kleine Gläser oder Schälchen füllen und mit einem Häubchen russischen Kaviars krönen.

Mit Dill garnieren.

Dazu Kräcker oder getoastetes Weißbrot reichen.

Hält sich mehrere Tage im Kühlschrank, kann also gut vorbereitet werden.

Gorgonzola-Datteln

Zutaten: 8 Portionen

24 Datteln
250 g Gorgonzola
2 EL Milch
1 Prise Pfeffer
1 Prise Salz

So wird's gemacht:

Die Milch mit dem Käse verrühren und mit Salz und Pfeffer würzen. Die Käsemischung in einen Spritzbeutel füllen. Nun die frischen Datteln aufschneiden, jedoch nicht durchschneiden. Den Kern entfernen und die Käsemischung in die Datteln füllen.

Fertig sind die Gorgonzola-Datteln.

Geräucherte Muscheln im Speckmantel

Zutaten: 8 Portionen

2 Packungen geräucherte Muscheln (à ca. 400 g)
2 Packungen Speckscheiben á 140 g
Speiseöl
Zahnstocher

So wird's gemacht:

Die Muscheln gut abtropfen lassen.

Die Speckscheiben in vier Stücke schneiden.

Wickeln Sie eine Speckscheibe um jede Muschel und befestigen Sie sie mit einem Zahnstocher.

Legen Sie die umwickelten Muscheln auf ein mit Backpapier ausgelegtes Backblech.

I vorgeheizten Ofen (E-Herd: 225 °C/Umluft: 200 °C).

ca. 5–10 Minuten rösten, bis sie Farbe bekommen.

Ein herzliches Dankeschön an meinen Mann Stig, meine Schwester Gudrun, meine Freundin Bärbel, meine Kinder, Willy, Charlotte und alle anderen, die mich immer wieder aufgemuntert haben, dieses Buch zu schreiben.

Die Autorin

Dorothea Paul wurde 1964 in einem kleinen Dorf in Wittgenstein geboren. 1986 wagte sie den Sprung nach Schweden, wo die Mutter von zwei Kindern noch immer glücklich mit ihrem Ehemann und ihren Katzen lebt. Mit ihrer 40-jährigen Berufserfahrung lebt die gelernte Köchin ihre Tätigkeit auch heute noch mit Passion aus und teilt diese am liebsten über ihren eigenen Blog: www.cestlavie.nu.

Wenn sie nicht gerade am Herd steht oder sich auf Reisen befindet, findet man Dorothea Paul am ehesten in ihrem Garten, wo sie sich mit Hingabe ihren Pflanzen widmet.

Nachdem sie schon immer für sich Geschichten und Gedichte geschrieben hat, veröffentlicht sie nun mit „Sehnsucht nach Île de Ré“ zum ersten Mal eines ihrer Werke.